Voleibol
Sistemas e Táticas

Adilson Baiano

Voleibol
Sistemas e Táticas

2ª edição

Direitos exclusivos para a língua portuguesa
Copyright © 2005 by EDITORA SPRINT LTDA.
Rua Guapiara, 28 - Tijuca
CEP 20521-180 - Rio de Janeiro - RJ
Telefax: 0XX-21-2264-8080 / 0XX-21-2567-0295 / 0XX-21-2284-9340
e-mail: sprint@sprint.com.br   home page: www.sprint.com.br

Reservados todos os direitos.
Proibida a duplicação ou reprodução desta obra, ou de suas partes, sob quaisquer formas ou por quaisquer meios (eletrônico, mecânico, gravação, fotocópia ou outros) sem o consentimento expresso, por escrito, da Editora.

Capa: Leandro Peres
Editoração: Julia Soares
Ilustração: Avaz
Revisão: Cristina da Costa Pereira

CIP-Brasil. Catalogação na fonte.
Sindicato Nacional dos Editores de Livros, RJ.

C87v

COSTA, Adilson Donizete
   Voleibol: Sistemas e Táticas
   — Rio de Janeiro: 2ª edição: Sprint, 2009

inclui bibliografia
ISBN 85-7332-220-9

1. Voleibol

I. Título

04-2773
                                        CDD 796.325
                                        CDU 796.325

081004   151004   07999

Depósito Legal na Biblioteca Nacional, conforme Decreto nº 1.825 de 20 de dezembro de 1967.

Impresso no Brasil
Printed in Brazil

Currículo do Autor

Professor de Educação Física – CREF019520 G/SP.

Autor da obra: *Voleibol – fundamentos e aprimoramento técnico*, Sprint/2001.

Treinador Nível I - Confederação Brasileira de Voleibol.

Trabalha com equipes de competição amadoras e em Centros de Formação de Sorocaba e região.

Agradecimentos

Agradeço a Deus, aos amigos espirituais, pelo oferecimento incessante de amparo e inspiração, demarcando os sinais que devo seguir na busca perseverante do aprimoramento intelectual e espiritual, capacitando-me a concretizar êxitos na caminhada evolutiva.

Às pérolas da minha vida, Gabriela e Murilo, filhos de intensa luz a refletirem alegria e vida, dentro do meu coração. Semente divina do amor que me entusiasma e germina mais amor, a cada dia.

Aos companheiros de quadra, em especial ao amigo Fábio de Mello, pelos anos de lealdade, amizade e conquistas.

Aos "adversários", que me acrescem os limites.

Sumário

Apresentação 11

Capítulo 1
Sistema de Jogo 15
1. Os sistemas 15
2. A posição inicial 21
3. O sistema 6 X 0 22
4. O sistema 3 X 3 24
5. O sistema 4 X 2 simples 25
6. Sistema 4 X 2 com infiltração 31
7. Sistema 5 X 1 38

Capítulo 2
Sistema de Recepção 47
1. Área de recepção 47
2. Recepção em "W" – com 5 receptores 49
3. Recepção com "4" 57
4. Recepção com "3" 64
5. Recepção com "2" 71

Capítulo 3
Sistema Defensivo 79
1. Relação bloqueio/defesa 79
2. Semicírculo 84
3. Quadrado 92

Capítulo 4
Sistema de Cobertura de Ataque 95
1. Os tipos de cobertura 95

Capítulo 5
Sistema de Ataque 101
1. Organização ofensiva 101
2. Classificação dos levantamentos 103
3. Jogadas individuais 106
4. Jogadas combinadas 108
5. Tática individual de ataque 111

Capítulo 6
Tática Coletiva 115
1. Tática geral 115
2. A tática no saque 118
3. A tática no sistema de recepção 119
4. A tática no sistema de ataque 120
5. A tática no sistema defensivo 123

Considerações Finais 127

Referências Bibliográficas 129

Apresentação

Após publicar minha primeira obra, *Voleibol fundamentos e aprimoramento técnico*, senti a necessidade de permutar ainda mais meus conhecimentos. Primeiro, na aspiração de explorar, iluminar e amplificar minhas opiniões, expondo-as de modo que refletissem minhas ações ao longo dos anos; em segundo, para que pudesse, de forma simples e lógica, desenvolver a continuidade da obra anterior, de forma a aumentar minha contribuição para o acréscimo dos conhecimentos mínimos necessários para se desenvolver com continuidade o trabalho com Voleibol. A idéia central desta obra é a de expor e agregar os mecanismos que norteiam as variáveis táticas dos sistemas dentro do Voleibol, tendo em vista a complexidade com que elas se desenvolvem, na teoria e principalmente na prática, quando se operam a distribuição e equilíbrio dos potenciais e as experiências técnicas e táticas dos jogadores de uma equipe, além das estratégias a serem utilizadas frente aos embates.

O objetivo se concentra na condição de buscar melhores rendimentos na Tática Coletiva, visto que, *a priori*, as táticas para que possam ser mais eficazes devem respeitar e entrosar as diferentes individualidades dos jogadores, para que se alcancem os melhores rendimentos, técnico e tático, na performance coletiva. No Voleibol de alto rendimento, os jogadores são capazes de, rapidamente, se adaptar às várias táticas que a partida solicita, sem que isso lhes traga maiores prejuízos técnicos e estratégicos.

Meu trabalho com o Voleibol adulto amador vem, há pouco mais de 14 anos, convivendo e aprendendo com vários jogadores que se enumeravam em diferentes tipos de habilidades técnicas e conhecimentos táticos, e também com as equipes, relacionando estas com a sua Tática Coletiva. Pelas atitudes dos jogadores que dividiram a quadra comigo, era comum observar a dificuldade que muitos encontravam em assimilar posicionamentos táticos novos, sobretudo pelo fato de só terem se utilizado de um ou outro em sua vida esportiva. E mesmo quando conseguiam assimilar e utilizá-los dentro dos treinamentos, demoravam algum tempo para que, conscientemente, conseguissem colocá-los em prática. Dificuldade maior quando em uma competição, fatores extras como pressão da torcida e a busca pela vitória, entre outros, colocavam à prova seu equilíbrio emocional e maturidade esportiva.

Quanto às equipes com que me defrontei nas competições amadoras, era comum verificar em algumas delas, que se utilizavam de uma Tática Coletiva um tanto quanto fora das características de seus jogadores, em que, visivelmente, percebiam-se as dificuldades técnicas, físicas e táticas que eles enfrentavam, não conseguindo, desta forma, desempenhar com equilíbrio e eficiência os comandos necessários para aquela tática específica.

Quando se iniciou a utilização do Sistema de Recepção com "2", no Voleibol de alto rendimento, empregando os dois ponteiros como receptores, essa estratégia virou "moda" entre muitas equipes amadoras, passando-se a aplicá-la, por se acreditar que fosse a solução também para a sua equipe, sem se questionar se realmente a equipe teria a necessidade de empregá-la, e se os próprios jogadores teriam as características para edificar esta tarefa, além de outras questões que devem ser respondidas quando se aplica uma tática.

Na formação e desenvolvimento do jogador de Voleibol, é essencial que não se busque rendimento a curto prazo, atropelando-se etapas importantes na sua capacitação geral. Por muitas vezes já presenciei jogadores que desconhecem ou acreditam não conseguir assimilar e executar um novo posicionamento tático ou mesmo algum novo recurso dentro da sua tática individual, pois se enraizaram em uma única atitude e sentem dificuldades de assimilar novos comandos.

Os técnicos devem ter a consciência, especialmente dentro do trabalho de formação do iniciante, de que a finalidade primeira é a de estimular e ampliar o cabedal de respostas cognitivas, tendo, então, a certeza de que saberão se desenvolver dentro das possibilidades táticas e técnicas que uma partida de Voleibol exige, enriquecendo sua tática individual e utilizando o máximo em seu desempenho tático coletivo ao longo da sua especialização, adaptando-se o mais rapidamente possível às características técnicas e às táticas das equipes adversárias.

Compreender as capacidades individuais dos jogadores e conhecer as variáveis táticas dos sistemas, concentrando esforços para reunir e entrelaçar as diferenças, fortalecendo-as entre si, são fatores que possibilitam maior êxito na escolha da melhor tática a ser aplicada para a equipe dentro das várias etapas do jogo. A busca ansiosa e constante que se deve ter, permite que tenhamos, cada vez mais, uma visão ampla do emprego correto das táticas.

A minha intenção é de poder contribuir para o engrandecimento do esporte, fortalecendo-o por meio das possibilidades que me são apresentadas, sem a intenção de que este livro esclareça o assunto, mas o de novamente, inspirar técnicos e jogadores para a busca incansável de conhecimento e aperfeiçoamento multidisciplinar, e assim, utilizar todas as capacidades que possuem, no intuito da "perfeição" técnica e tática, tanto individual quanto coletiva.

capítulo 1
SISTEMA DE JOGO

1. Os sistemas

Os Sistemas de Jogo utilizados nas táticas que atuam no Voleibol, também são conhecidos como Sistemas de Ataque, pois levam em consideração a forma com a qual distribuem-se e dividem-se o número de atacantes e o número de levantadores, entre os seis jogadores em quadra.

A evolução dos sistemas ocorreu de forma natural e gradual, acompanhando, principalmente, o aprimoramento técnico dos jogadores e a necessidade de melhor utilização das suas potencialidades individuais na performance da tática da equipe. Este aprimoramento os direcionou a uma especialização por funções e posições específicas dentro de cada sistema, em concordância com suas características e capacidade técnica, definindo-os como levantadores e atacantes. Atualmente, esta especialização desenvolveu a posição do "líbero", amplamente utilizada pelas equipes, proporcionando maior equilíbrio nas ações do Sistema de Recepção e no Sistema Defensivo.

O maior exemplo da especialização por especificidade técnica, função e posição, é o levantador. Sua especialidade no fundamento toque, o credencia a não participar do Sistema de Recepção, tendo a específica função de armar e distribuir as jogadas, e no Sistema Defensivo, além desta função, tem responsabilidades comuns aos demais jogadores (ver Capítulos 2 e 3). Quanto melhor qualidade técnica e percepção tática, melhor será o rendimento e aproveitamento da equipe dentro dos sistemas. Nas atribuições dessa particularidade no desenvolvimento do levantamento, atua-se especificamente nas chamadas **"Zonas de Levantamento"**, que são previamente definidas como o local ideal para onde deve ser direcionada a bola, tanto na recepção do saque adversário, como na defesa, para a realização do contra-ataque, diferenciando-se dentro de cada sistema.

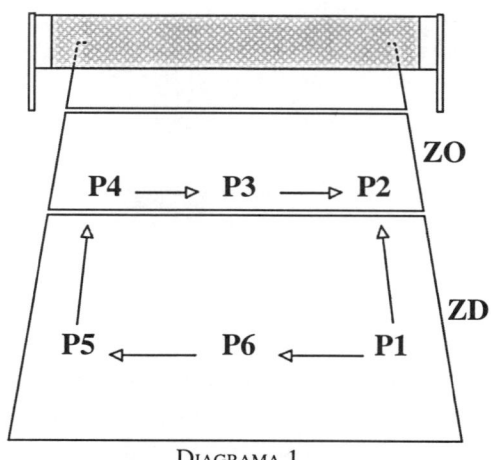

P1 – Defensor da saída ou esquerda (D1)
P2 – Atacante da saída ou oposto (S ou O)
P3 – Atacante do meio (M)
P4 – Atacante de ponta ou ponteiro (P)
P5 – Defensor da ponta ou esquerda (D5)
P6 – Defensor do meio ou pivô (D6)
ZO – Zona Ofensiva
ZD – Zona Defensiva

Diagrama 1

Conforme a Regra Oficial de Voleibol "In-Door" 7.4. Posicionamento (Cobraf 2001-2004), especificamente na Regra 7.4.1, os jogadores que estão nas posições 2, 3 e 4, e se encontram dentro da linha de três metros, formando a Linha de Ataque, podem realizar ações ofensivas de qualquer lugar da quadra, são os atacantes, fazendo parte da chamada *"Zona Ofensiva"* (diagrama 1). Os jogadores posicionados nas posições 1, 6 e 5, linha de defesa, que estão limitados a ações de defesa e, se necessário, a efetuar ações ofensivas, devem fazê-las atrás da linha de 3 metros, são os defensores, e fazem parte da chamada *"Zona Defensiva"* (diagrama 1).

A Regra 7.4.2 explica as posições relativas entre os jogadores, em que os jogadores da Zona Defensiva devem estar mais afastados da rede que os jogadores correspondentes da Zona Ofensiva, e posicionados lateralmente como ela indica, determinados ainda, pelo posicionamento dos pés entre eles, ou seja, quem está na Zona Ofensiva deve ter parte do seu pé mais à frente daquele posicionado na Zona Defensiva, assim como o jogador posicionado na lateral direita ou esquerda, que deve ter pelo menos parte do seu pé mais próximo da linha lateral, em similitude com o jogador do centro.

Para melhor entendimento no posicionamento entre os jogadores, relacionado principalmente dentro do Sistema de Recepção, pode-se assim detalhar:

- **Jogador da P1** - Atrás da P2 e à direita da P6.
- **Jogador da P2** - À frente da P1 e à direita de P3.
- **Jogador da P3** - À frente da P6, à direita da P4 e a esquerda da P2.
- **Jogador da P4** - À frente da P5 e à esquerda da P3.
- **Jogador da P5** - Atrás da P4 e à esquerda de P6.
- **Jogador da P6** - Atrás da P3, à direita da P5 e à esquerda da P1.

É importante que os jogadores tenham conhecimento destes posicionamentos, devendo sempre ser orientados e habituados dentro de cada rodízio, para que não se antecipem e assim venham a cometer faltas no posicionamento, infringindo a regra e perdendo o ponto. Depois de realizado o saque, os jogadores podem se movimentar por quaisquer lugares da quadra e da "Zona Livre".

Dentro das posições de rodízio de 1 a 6 (Diagrama 1), o deslocamento dos jogadores dentro da quadra ocorre em sentido horário e a marcação da seqüência do rodízio de saque, em sentido anti-horário. A Zona de Levantamento ocupará determinada posição da Zona Ofensiva, definida pela particularidade de cada sistema. O menor número de levantadores dentro da quadra faz parte do processo de evolução destes sistemas de acordo com a evolução técnica, tática e a especialização dos jogadores nestas funções. Quanto aos Sistemas de Jogo, estes são os mais conhecidos:

- **Sistema 6 X 6 ou 6 X 0;**
- **Sistema 3 X 3;**
- **Sistema 4 X 2 Simples;**
- **Sistema 4 X 2 com Infiltração;** e
- **Sistema 5 X 1.**

Na evolução dos sistemas, houve ainda o Sistema de Jogo 2 X 4, mas por estar totalmente ultrapassado e em completo desuso, deixarei de tecer maiores comentários sobre ele. As Zonas de Levantamento diferenciam-se dentro de cada sistema. Vejamos onde se encontram cada uma delas:

- **Sistema 6 X 0 e 3 X 3**: Encontramos a Zona de Levantamento na P3.
- **Sistema 4 X 2 Simples:** A Zona de Levantamento é na P2.
- **Sistemas 4X2 com Infiltração:** A Zona de Levantamento deste sistema é a P2(½).

- **Sistema 5 X 1:** Encontram-se duas Zonas de Levantamento neste sistema: a primeira quando o levantador está na *"Zona Defensiva"*, sendo a P2(½), e quando o levantador está posicionado na *"Zona Ofensiva"*, é a P2.

A P2½ é utilizada entre as posições 2 e 3, devido ao fato de haver três atacantes na rede. Observaremos com maiores detalhes esta situação no acompanhamento dos Sistemas 4X2 com Infiltração e no 5X1. De acordo com a capacidade técnica e opção tática, a Zona de Levantamento pode sofrer algumas variações dentro de cada sistema.

Para que determinados sistemas sejam mais eficazes, devem ocorrer situações específicas, denominadas *"Trocas de Posições e Infiltrações"*, que ocorrem dentro das Zonas Ofensiva e Defensiva, no momento do saque a favor, na recepção do saque adversário e durante o *rally*.

1.1. Trocas de Posições

As trocas de posições ocorrem quando um ou mais jogadores trocam uma ou mais posições entre si dentro da mesma Zona, Ofensiva ou Defensiva. Por exemplo, como no diagrama 2, na Zona Ofensiva, o jogador da P4, sendo um levantador ou um atacante de saída (oposto), troca duas posições, indo ocupar a P2; o jogador da P3, um ponteiro ou atacante da esquerda, vai ocupar a P4, trocando uma posição; e o jogador da P2, sendo um meio de rede ou atacante de centro também troca uma posição, indo ocupar a P2.

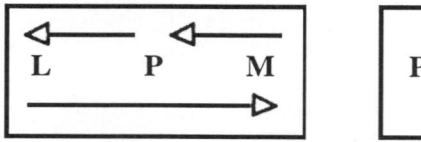 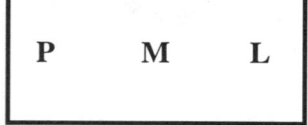

DIAGRAMA 2

As trocas na Zona Ofensiva são chamadas de Trocas Ofensivas, e na Zona Defensiva, de Trocas Defensivas. As trocas de posições ocorrem devido ao processo de especialização por funções entre os jogadores, em que os atacantes e o(s) levantador(es) podem atuar com maior especificidade e qualidade técnica nas posições em que possuem maior intimidade e prazer, principalmente dentro do Sistema Defensivo (ver Capítulo 3).

A fim de não comprometer o Sistema de Recepção (ver Capítulo 2), e principalmente, não infringir a Regra de Jogo 7.5, Faltas no Posicionamento (Cobraf, 2001-2004), no momento da recepção do saque adversário, com exceção do levantador, que deve realizar a troca simultaneamente ao golpe do saque, os demais jogadores devem aguardar a definição do ataque para realizarem as trocas.

No saque a favor, as trocas podem ser realizadas por todos os jogadores no momento do saque e assim comporem o Sistema Defensivo (ver Capítulo 3). Por força de melhor equilíbrio técnico ou tático na formação do Sistema Defensivo, por vezes poderemos ver especialistas fora de sua posição preferida.

No Sistema de Recepção (ver Capítulo 2), a posição da definição do ataque dos jogadores, seja pela ponta, meio ou saída de rede, poderá sofrer variações independentemente da posição do rodízio em que se encontram. Esta definição dependerá do posicionamento da Formação Inicial (ver este capítulo) e da tática adotada no Sistema de Ataque (ver Capítulo 5).

1.2. Infiltração

Situação realizada exclusivamente pelo levantador nos Sistemas 4 X 2 com Infiltração e 5 X 1. Caracteriza-se pela troca de Zonas, da Defensiva para a Ofensiva, para que possa efetuar o levantamento, e ocorre quando está posicionado na Zona Defensiva, havendo então três atacantes na rede.

Na recepção de saque adversário, estando posicionado na Zona Defensiva (posições 1, 6 ou 5), ele *"infiltrará"* para a Zona Ofensiva a fim de efetuar o levantamento (diagrama 3).O objetivo da infiltração é o de resguardar o levantador do saque adversário fazendo com que possa preocupar-se somente com a distribuição de bolas. Um outro momento em que realiza a infiltração é durante o *rally*, dentro do Sistema Defensivo, após a recuperação da bola em uma defesa de seus companheiros, em que *"infiltra"* para realizar o levantamento do contra-ataque. Quando realiza a infiltração, o levantador ocupa a Zona de Levantamento na posição 2½", ou seja, entre os jogadores da P2 e P3.

A infiltração pode ser realizada de duas formas, devido ao posicionamento do levantador e seu correspondente no Sistema de Recepção. A *"Infiltração Aberta"* é utilizada quando o correspondente ao

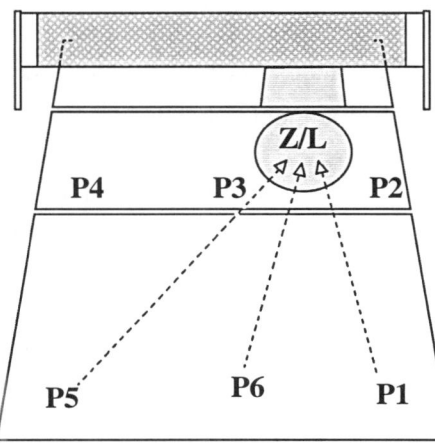

DIAGRAMA 3

levantador está envolvido na formação da recepção, posicionado então para receber o saque. Na *"Infiltração Fechada"*, o correspondente não está envolvido na formação da recepção, podendo então resguardar-se e esconder-se da bola enviada no saque, sendo assim, como se segue:

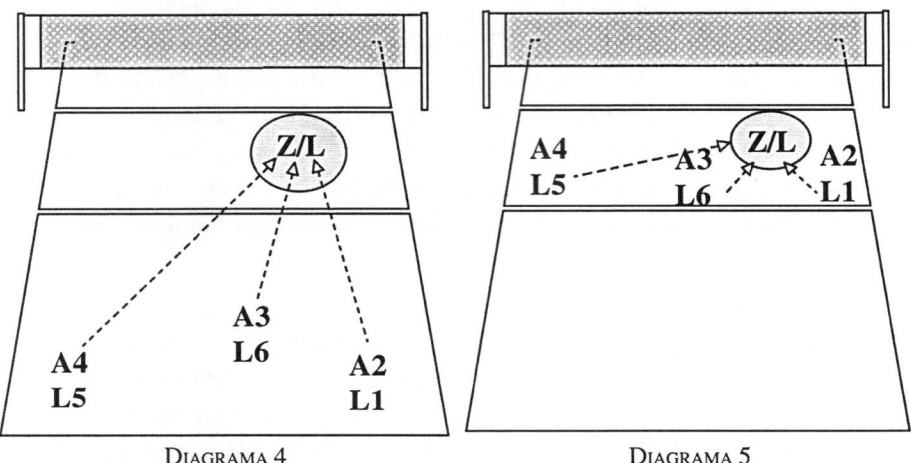

DIAGRAMA 4　　　　　　　　　DIAGRAMA 5

Infiltração Aberta – Ocorre quando, para realizar a infiltração, o levantador e seu correspondente se encontram na Zona Defensiva (Diagrama 4).

Infiltração Fechada – Ocorre quando, para realizar a infiltração, o levantador e seu correspondente se encontram dentro da Zona Ofensiva (Diagrama 5).

É valioso considerar que a infiltração deve atentar a não comprometer o Sistema de Recepção (ver Capítulo 2), e principalmente, não infringir a Regra de Jogo 7.5, Faltas no Posicionamento (Cobraf, 2001-2004). Por estas situações, o levantador deverá aguardar a efetivação do saque e então realizar a infiltração. Após a definição do ataque, deverá integrar o Sistema Defensivo, na P1 (ver Capítulo 3), que sempre será a posição de onde realizará as infiltrações dentro do *rally*, infiltrando-se na Zona de Levantamento e retornando a esta posição, quantas vezes se fizer necessário (diagrama 30).

Com o saque a favor e estando na P6 ou P5, o levantador realizará, primeiramente, uma troca de posição, indo encaminhar-se à P1 na composição do Sistema Defensivo, e, se necessário, durante o *rally* realizará a infiltração para a Zona de Levantamento, concluindo sua distribuição.

2. A posição inicial

Como mostra a Regra 7.3 Posicionamento Inicial da Equipe (Cobraf 2001-2004), a Posição Inicial indica a ordem de rotação dos jogadores em quadra durante um *set*.

Como se posicionarão os jogadores dentro da Posição Inicial, isto dependerá da avaliação do técnico em equilibrar os seis rodízios de jogo conduzindo o equilíbrio tático entre a especialidade e o nível técnico de seus jogadores. Há algum tempo, a Posição Inicial era formada, na Zona Ofensiva, com o levantador ao lado de um jogador de meio, seguido de um ponteiro (P2, P3 e P4, respectivamente, Diagrama 6). Atualmente, utiliza-se colocar ao lado do levantador um jogador de ponta, seguido de um meio (P2, P3 e P4, respectivamente, diagrama 7).

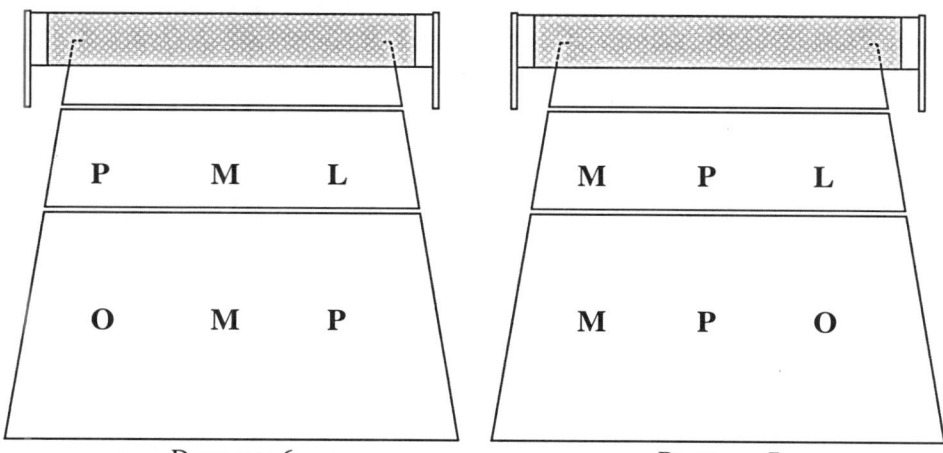

DIAGRAMA 6   DIAGRAMA 7

Esta mudança visa favorecer dois sistemas, o de Recepção e o de Ataque, e começou a ser aplicada em conseqüência da necessidade de melhor especialização técnica dos ponteiros dentro da tática do Sistema de Recepção (tanto que no alto nível competitivo, somente dois ou três jogadores são responsáveis por cobrir a Área de Recepção, ver Capítulo 2). Como normalmente atacam a bola mais alta em relação à dos jogadores de meio e saída, teriam mais tempo para recompor sua corrida de ataque sem maiores prejuízos ao Sistema de Ataque, principalmente com a prática da nova regra que solicita melhor qualidade e precisão na recepção do saque adversário, que se faz vital para manter o equilíbrio da equipe e se vencer uma partida.

Na formação anterior, havia uma infiltração do levantador pela P5, em que seu correspondente era um ponteiro, e se este fosse um dos "passadores principais" atrapalhava todo o Sistema de Recepção, pois a infiltração tinha que ser aberta, e tanto a distância, quanto o local por onde o levantador teria de percorrer, atrapalhava a recepção, dificultava seu posicionamento até a Zona de Levantamento e a sua antecipação para o levantamento (Diagrama 8). Nesta outra PI isso não ocorre, uma vez que o Sistema de Recepção proporciona maior harmonia nas infiltrações, pois ocorrem na correspondência de um meio, levantador na P5; do saída, levantador na P6; e a do ponteiro ocorre na P2, mas sem trazer grandes danos ao Sistema de Recepção, visto que o levantador desloca-se praticamente pela linha lateral da quadra, tendo maior liberdade para infiltrar-se e posicionar-se na Z/L. O Sistema de Ataque faz com que os ponteiros possam posicionar-se do lado esquerdo da quadra, de frente à sua posição de especialização, e receber o saque adversário nesta posição em cinco rodízios, na outra formação da PI, não é possível em dois rodízios (ver em Sistema de Recepção).

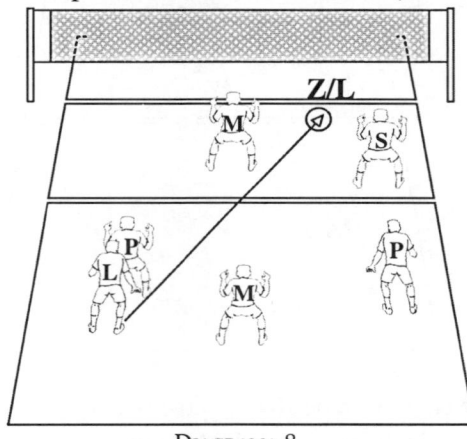

DIAGRAMA 8

Com a introdução do "líbero" no jogo, este posicionamento ganhou força e é amplamente utilizado, seja com 2, 3 ou 4 receptores. Quanto ao Sistema de Recepção em "W" (ver Capítulo 2), não vejo vantagens em utilizar este posicionamento já que os cinco jogadores estão no passe. Deve-se avaliar a capacidade técnica dos jogadores da equipe para preparar a tática do Sistema de Recepção e Ataque.

3. O sistema 6 X 0

No Sistema de Jogo 6 X 0 ou 6 X 6, todos os jogadores ocupam a função de levantadores e atacantes. Muitos técnicos não gostam de utilizar a denominação 6 X 0, por esta denotar a impressão de não existirem levantadores, motivo expressamente correto, em virtude de todos necessi-

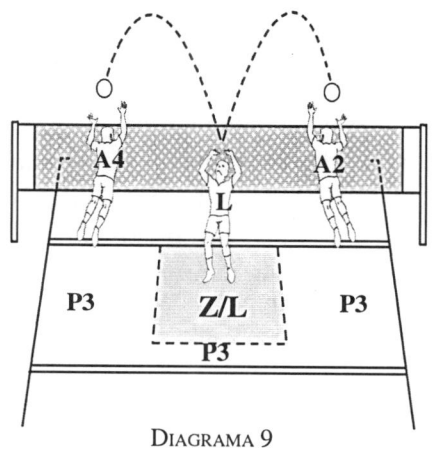

DIAGRAMA 9

tarem de executar ambas as funções dentro do sistema, não havendo a especialização por funções e posições.

A Zona de Levantamento é a P3 (Diagrama 9); dessa forma, no rodízio de saque, quando um jogador estiver nesta posição, realizará a função de levantador, tendo nas outras posições da Zona Ofensiva a função de atacante. No processo evolutivo da aprendizagem, este é o sistema mais utilizado pelos iniciantes, pela sua facilidade de compreensão e assimilação, pois concentram-se somente no rodízio de saque e podem aprender e desenvolver os fundamentos de maneira uniforme, visto que, neste sistema, não ocorrem as trocas ou infiltrações que fazem parte da especialização, podendo, então, vivenciar todos os fundamentos de forma completa, e em todas as posições das Zonas Ofensivas e Defensivas, sem qualquer especialização, como, por exemplo, o bloqueio, em que aprendem a deslocar-se tanto à direita, quanto à esquerda. No Diagrama 10, encontram-se a PI desse sistema e o posicionamento dos jogadores.

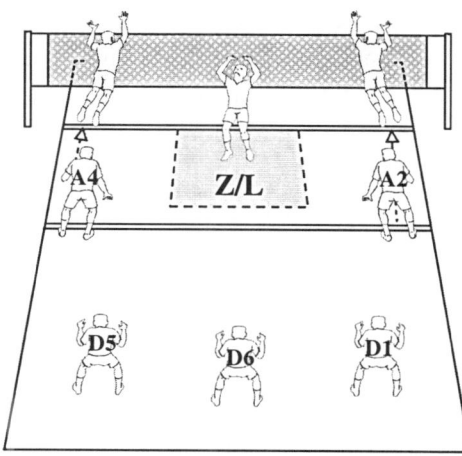

DIAGRAMA 10

Muitos técnicos utilizam a P2 como Zona de Levantamento, tanto na recepção de saque adversário como a favor e, por vezes, com duas Zonas de Levantamento, a P3 para o Sistema de Recepção, e a P2 para a formação do Sistema Defensivo, ou vice-versa. Há de se observar com atenção que a adoção tática da Zona de Levantamento, na P2, vem inibir principalmente o aperfeiçoamento do fundamento do toque de costas, pois o iniciante estará sempre de frente para as posições 3 e 4, e com isto, executará somente o toque de frente. Com a Zona de Levantamento na P3, ele tem a oportunidade de exercer a variação do toque de frente e de costas, além do deslocamento do bloqueio, tanto à direita como à esquerda.

A distribuição tática dos jogadores dentro da PI deve primeiramente obedecer às habilidades técnicas dos mesmos, procurando encontrar o melhor equilíbrio em cada um dos rodízios. Não se devem distribuir os jogadores em quadra avaliando somente as habilidades de ataque que possuem. Os outros fundamentos como o saque e o passe são tão importantes como o ataque e devem também estar equilibrados em todos os rodízios, favorecendo assim maior harmonia entre os fundamentos e, conseqüentemente, permitindo que a equipe venha a ter maior "volume" de jogo.

4. O sistema 3 X 3

São três atacantes e três levantadores que se distribuem pela quadra. Na atualidade, esse sistema não é mais utilizado devido às dificuldades e deficiências na armação tática, principalmente relacionada ao Sistema de Ataque. Na PI deste sistema, a distribuição dos jogadores é realizada intercalando-se um levantador e um atacante (Diagrama 11), e pode ser independente do nível técnico dos jogadores, ocorrendo, mais efetivamente, pela afinidade entre as duplas, fato que gerou um subnome para este sistema, o de "Sistema de Duplas".

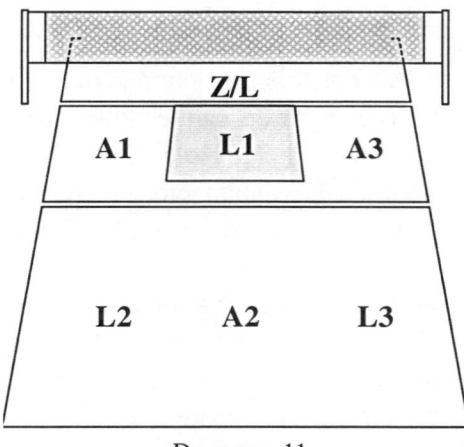

Diagrama 11

Com o rodízio de jogo, irá coincidir a presença de dois levantadores e um atacante na rede, sendo esta a maior deficiência no Sistema de Ataque, no qual, por meio de uma troca de posição, um deles poderá realizar a função de atacante, como no Diagrama 12, no 2ºR, em que o L2 realiza uma troca e fica sendo o levantador e A1 vai atacar na ponta enquanto L1 será o atacante da saída de rede. Outras variações táticas podem ocorrer, como, por exemplo, L1 trocando com A1 para que realize seu ataque pela saída, enquanto L2 será o atacante de ponta. A Zona de Levantamento continua sendo a P3 (Diagrama 11), e podem ocorrer trocas de posições ofensivas ou defensivas, de acordo com a preferência particular de cada jogador ou para buscar um melhor equilíbrio tático ofensivo ou

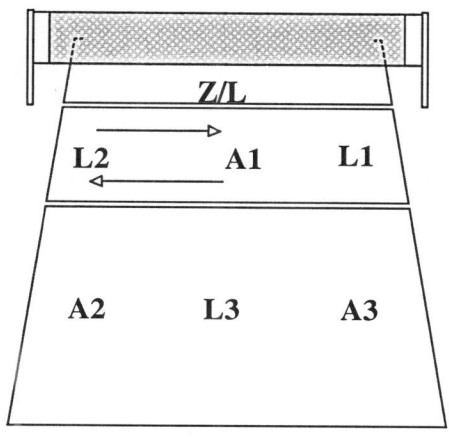

DIAGRAMA 12

defensivo. Existe ainda a possibilidade de utilizar-se P2 como a Zona de Levantamento em todos ou em um ou outro rodízio. A apresentação deste sistema tem apenas a função didática de esclarecimento, tendo em vista a sua "aposentadoria".

5. O sistema 4 X 2 simples

Neste sistema, o avanço da especialização das funções dos jogadores dentro da Zona Ofensiva e Defensiva fica mais evidente e funcional. Os locais de atuação dos jogadores são qualificados como "Zonas de Responsabilidades Predeterminadas", em que podemos verificar distintamente as funções de quatro atacantes e dois levantadores. As trocas realizadas visam uma melhor disposição, equilíbrio e fortalecimento dos sistemas, por meio das habilidades técnicas e características individuais dos jogadores. A "Zona de Levantamento" é na P2 (Diagrama 13). Neste sistema, podemos distinguir dois posicionamentos táticos bem específicos:

1º Posicionamento:
- A **"Posição Inicial"** (PI) - Relacionada ao posicionamento dos jogadores no rodízio de saque para a formação do Sistema de Recepção e de Ataque, com a distribuição buscando o equilíbrio tático entre a especialidade e o nível técnico (Diagrama 13).

2º Posicionamento:
- A **"Posição Final"** (PF) - Relacionada com as trocas de posições, quando os jogadores deslocam-se para sua Posição de Especialidade para comporem o Sistema Defensivo (Diagrama 14).

Estes posicionamentos táticos favorecem principalmente o Sistema de Recepção, de Ataque e o Sistema Defensivo, tornando-os muito mais equilibrados e eficazes. Usarei a PI Tradicional, devido ao fato de a utilização do Sistema de Recepção em "W" favorecer o posicionamento dos atacantes de ponta na P5 em quatro rodízios, enquanto na nova PI isso ocorre em dois rodízios somente.

As funções de acordo com as Zonas de Responsabilidades Predeterminadas estão assim divididas:
- **P - 2 Atacantes de Ponta** – atuam nas posições 4 e 5;
- **M - 2 Atacantes de Meio** – atuam pelas posições 3 e 6; e
- **L - 2 Levantadores** – atuam pelas posições 1 e 2.

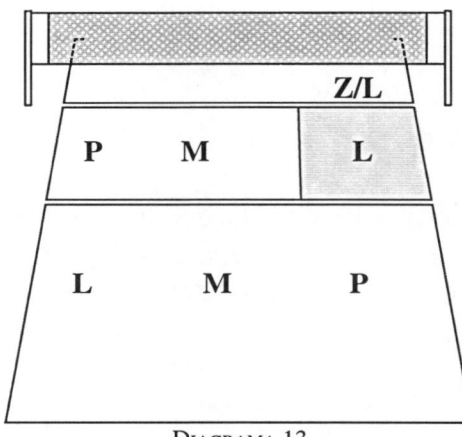

DIAGRAMA 13

A PI dos jogadores deve ser oposta por funções, para que tenhamos sempre, em ambas as zonas, um levantador, um atacante de meio e um de ponta (Diagrama 13). Então, teremos um levantador na P2, outro na P5; um atacante de meio na P3, outro ocupando a P6; e com um atacante na P4, o outro estará posicionado na P1.

Na recepção do saque adversário, estando a equipe posicionada dentro de um Sistema de Recepção (no Diagrama 15, o Sistema utilizado é o "W", no R2), como a regra proíbe a troca antecipada e não se deve prejudicar o Sistema de Recepção, apenas o levantador realiza a troca de posição, simultaneamente, com o golpe do saque, indo ocupar a Zona de Levantamento, e os demais jogadores devem aguardar a efetivação do ataque, pela P4 ou P3 e, seguidamente, realizarem as trocas de posições, dirigindo-se para a sua posição de especialização, construindo então a Posição Final dentro do rodízio, que caracteriza o Sistema Defensivo (Diagrama 14). Os jogadores permanecem nesta posição durante o *rally* e a definição do ponto, voltando em seguida à sua posição de rodízio de saque.

Quando da formação do rodízio com o saque a favor (Diagrama 16, no 2°R), as trocas são executadas simultaneamente ao momento do saque, dirigindo-se então os jogadores para atuarem em suas posições de especialização durante todo o *rally*, até a definição do ponto. Dessa forma os

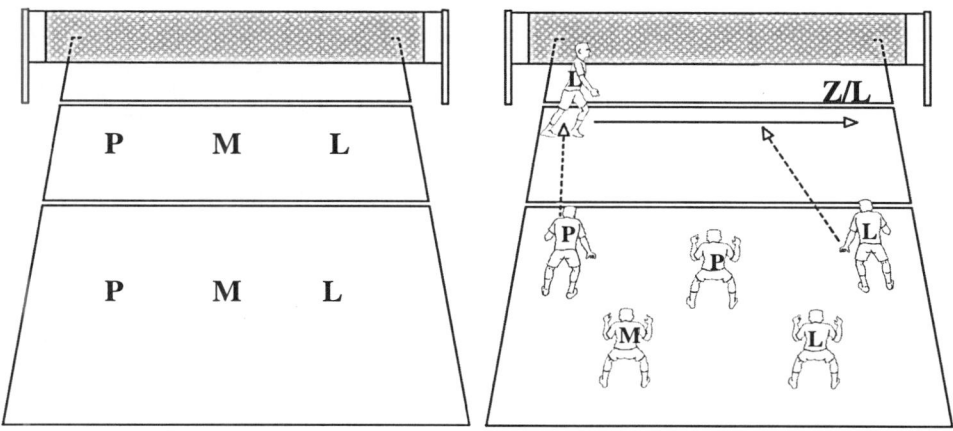

DIAGRAMA 14

DIAGRAMA 15

levantadores (L) ocuparão as P1 e P2; os atacantes de meio (M), as P3 e P6; e os atacantes de ponta (P), as P4 e P5 (PF, Diagrama 14).

No trabalho com iniciantes, para melhor adaptação da transição do Sistema 6 X 0 para o 4 X 2 Simples, ou até mesmo como opção tática, muitos técnicos utilizam o Sistema 6 X 0 na recepção do saque adversário, e logo após a efetivação de seu ataque, durante o *rally* e/ou no saque a favor, utilizam-se do sistema 4 X 2 Simples, empregando as trocas para que seus jogadores ocupem posições por especialização.

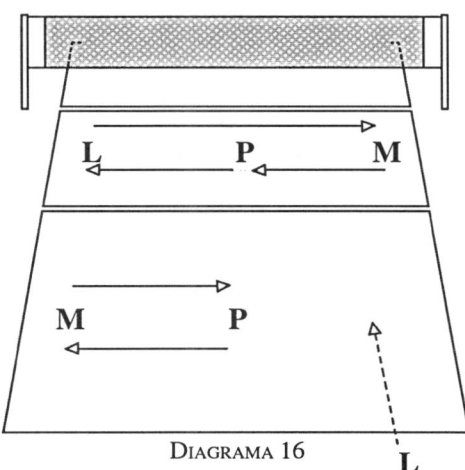

DIAGRAMA 16

Para melhor explanação das situações de rodízio de saque, recepção de saque adversário e saque a favor, vejamos as ilustrações seguintes que compreendem o 1ºR, 2ºR e 3ºR, nas situações citadas. A PF corresponde ao Diagrama 14, e o Sistema de Recepção utilizado é o "W". Apenas diagramei os 1ºR, 2ºR e 3ºR em virtude de que o 4ºR, 5ºR e 6ºR são respectivamente iguais.

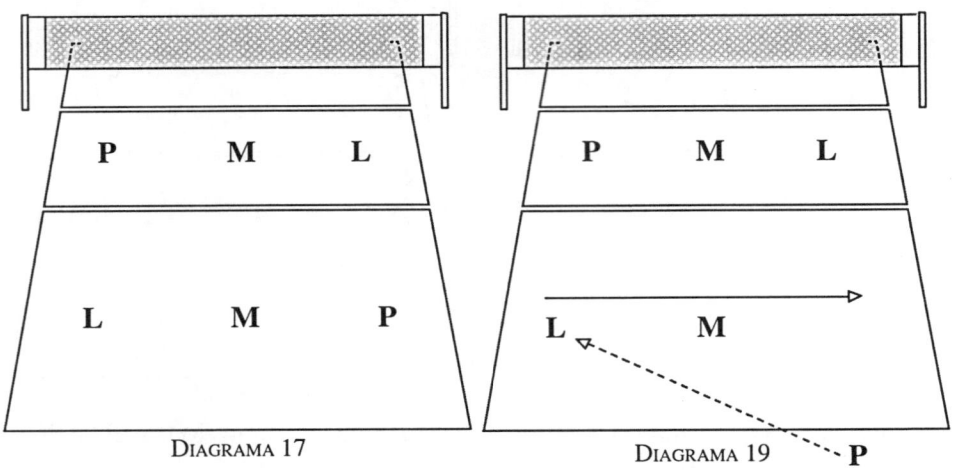

Diagrama 17

Diagrama 19

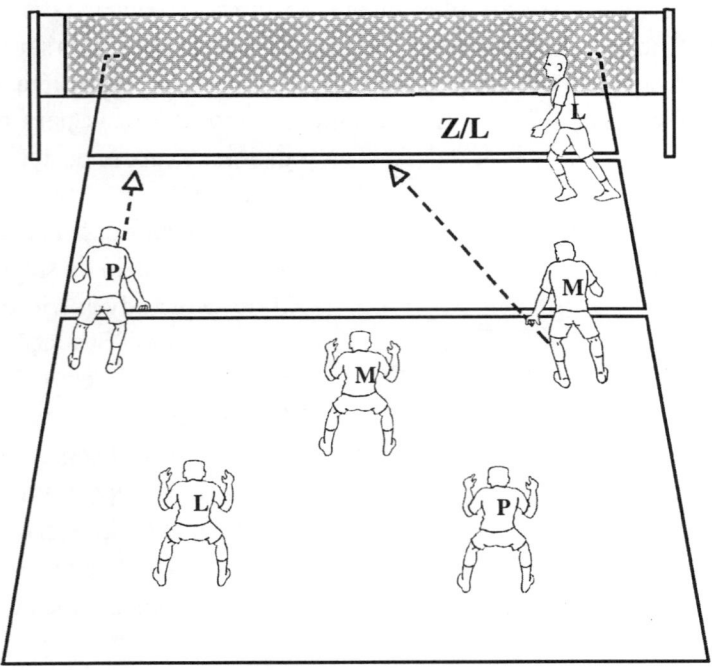

Diagrama 18

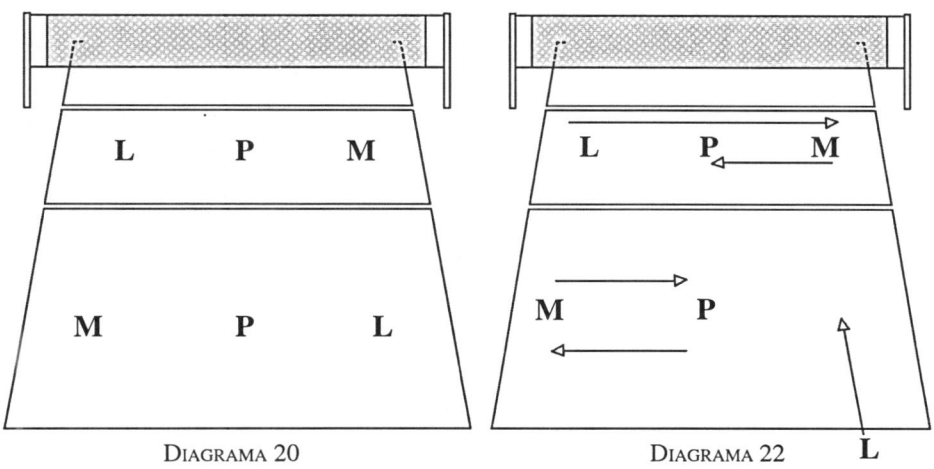

Diagrama 20

Diagrama 22

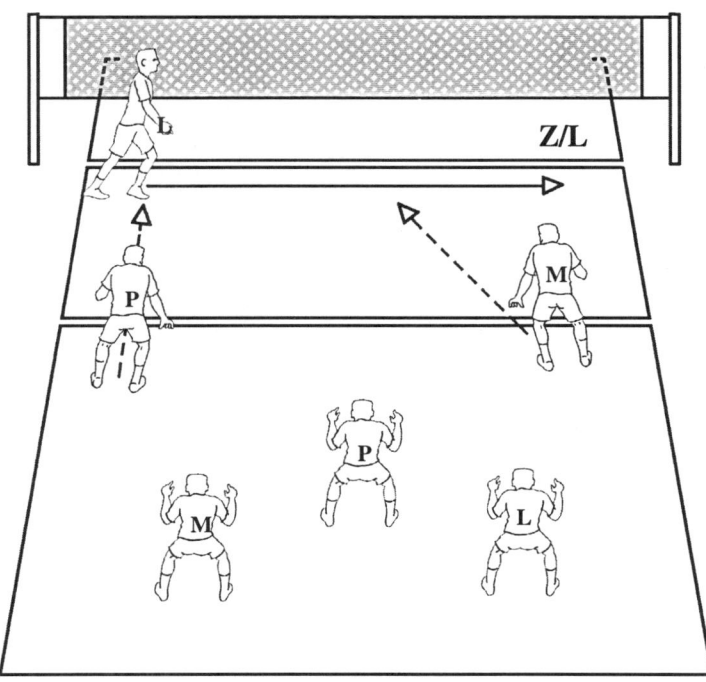

Diagrama 21

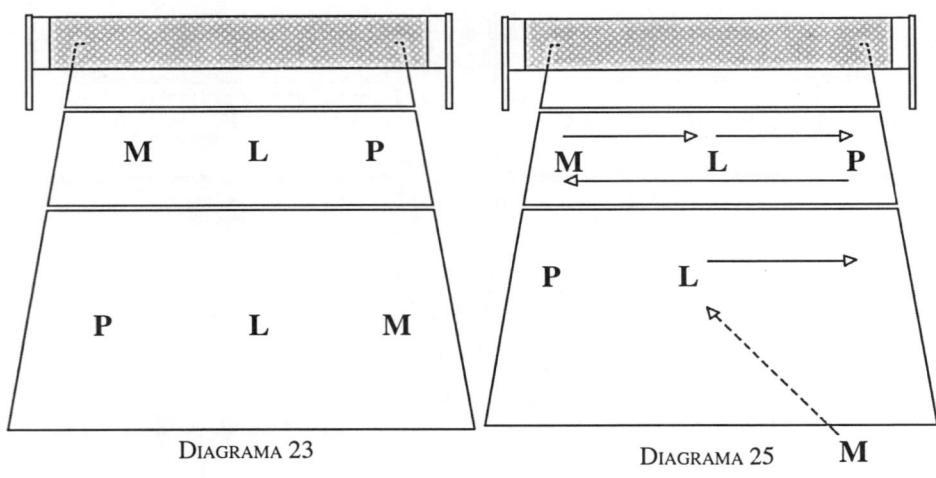

Diagrama 23

Diagrama 25

Diagrama 24

6. Sistema 4 X 2 com Infiltração

O ponto de equilíbrio neste sistema manifesta-se na necessidade de uma melhor capacidade técnica na especialização dos levantadores. A plena eficácia do 4X2 com Infiltração necessita de dois levantadores especialistas nesta função e que sejam ainda exímios atacantes, e quanto mais capacitadas e equilibradas forem estas qualidades, ainda melhor será a eficiência do sistema.

Essa condição técnica dos levantadores permite que em todos os rodízios haja sempre três atacantes na rede, favorecendo todo o Sistema de Ataque. Antigamente, estes levantadores recebiam a designação de jogadores "universais" por serem completos e eficazes em todos os fundamentos do Vôlei.

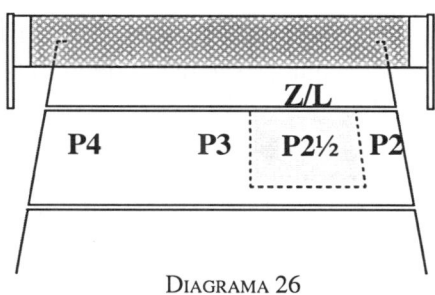

DIAGRAMA 26

A evolução natural das técnicas, táticas, dos sistemas e das equipes multidisciplinares que norteiam o esporte, conduzem a uma especialização cada vez maior dos jogadores dentro dos fundamentos e posições. Este fator e a dificuldade em se "desenvolverem" atletas com a eficácia necessária em dois fundamentos essenciais para uma performance excelente de qualquer sistema e de uma partida, fizeram com que poucas equipes pudessem utilizá-lo com a eficiência necessária no alto nível competitivo. A última equipe a insistir e obter excelentes resultados com ele foi a seleção feminina de Cuba. Há de se considerar também a sobrecarga de treinamentos que é aplicada nestes jogadores por causa da necessidade desta dupla especialização.

Relacionado com o Sistema 4 X 2 Simples, temos duas mudanças básicas:

1ª) A Infiltração: A distribuição das bolas nos levantamentos está sob a responsabilidade do levantador, que ocupa a Zona Defensiva (posições 1, 6 e 5), e "infiltra" entre os atacantes para efetivar sua distribuição, seja na formação do Sistema de Recepção ou do Sistema Defensivo.

2ª) A Zona de Levantamento: Em virtude de sempre haver três atacantes na Zona Ofensiva, a Zona de Levantamento é na posição 2/½, ou seja, entre os atacantes das posições 2 e 3 (Diagrama 26).

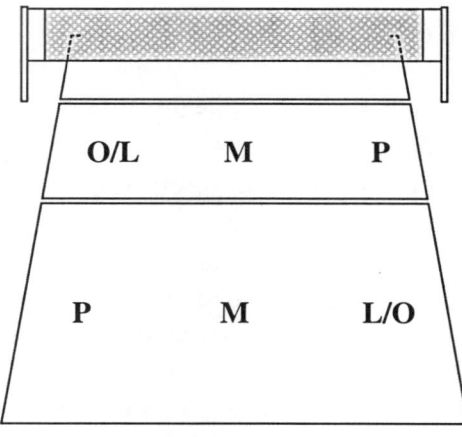

Diagrama 27

As funções, de acordo com as zonas de responsabilidades predeterminadas, em relação à especialidade, estão assim divididas:
• **P - 2 Atacantes de Ponta** - atuam pelas posições 5 e 4;
• **M - 2 Atacantes de Meio** - atuam pelas posições 3 e 6; e
• **L/O - 2 Levantador/ Oposto** - atuam pela posição 2, como atacantes e pela posição 1, como levantadores.

O levantador/atacante que está na Zona Ofensiva, ocupando-se da função de atacante, é chamado de Oposto ("O") ou Saída, sendo sua posição final a P2.

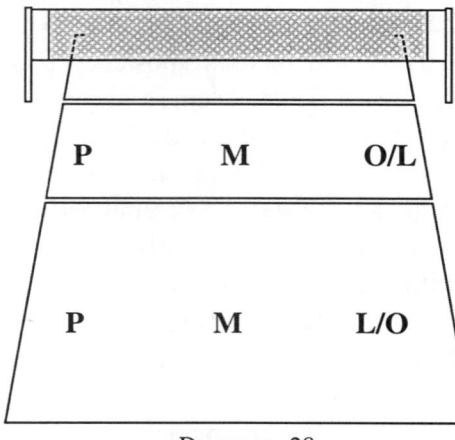

Diagrama 28

A formação dos jogadores na PI é distribuída por meio de um equilíbrio técnico por funções de especialização, visando à obtenção de maior êxito na tática da equipe, semelhante ao Sistema 4 X 2 Simples. Nesta PI, utilizarei a nova Formação Inicial pela facilitação tática já observada anteriormente. Dessa forma iniciaremos com um L/O que está na Zona Defensiva na P1, e o outro como atacante pela P4 (Diagrama 27), os ponteiros nas P2 e P5 e os meios na P3 e P6. Na PF observamos a disposição dos ponteiros nas posições 4 e 5, os meios atuando pelas posições 3 e 6, e um L/O como atacante pela P2 e o outro como levantador pela P1 (Diagrama 28).

Na formação do Sistema de Recepção para o saque adversário, como o levantador da Zona Defensiva não participa deste sistema, deverá realizar a Infiltração, procurando "esconder-se" do saque adversário ocupando o espaço logo atrás do seu jogador correspondente, quer dizer, quando estiver na posição 1, estará logo atrás do jogador da posição 2; quando na posição 6, estará logo atrás do jogador da posição 3; na posição 5, ocupará o espaço atrás do jogador 4, podendo utilizar-se então de infiltrações abertas ou fechadas (diagramas 04 e 05), dependendo da formação tática do Sistema de Recepção.

No Diagrama 29, em um Sistema de Recepção com "4", temos a Infiltração Fechada do levantador, pela P5 no 3ºR.

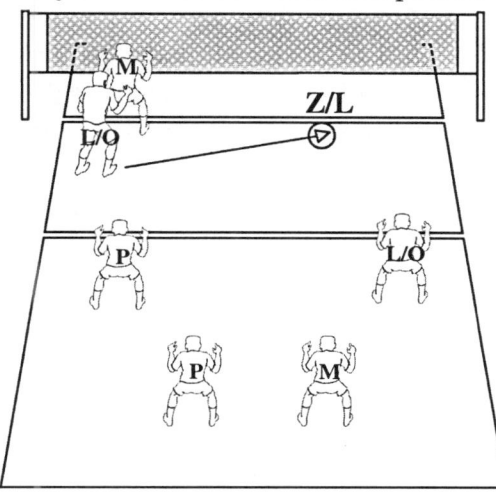

DIAGRAMA 29

Na função de levantador, depois de infiltrar, realizar o levantamento e aguardar a efetivação do ataque, deverá ir para a sua PF, a P1, infiltrando por esta posição para efetuar os levantamentos, até o término do *rally* (Diagrama 30). Na situação do saque a favor para compor o Sistema Defensivo, o levantador deverá, primeiramente, realizar a troca de posição para a P1 e somente "infiltrará" depois da 1ª ação defensiva da sua equipe, e se for ele quem realizará a 1ª ação defensiva, o levantador que atua como atacante na Z/O ou o atacante de meio serão os responsáveis pelo levantamento. Dentro deste sistema, o levantador que está na Z/O atuando como atacante poderá efetuar o levantamento, mas no Sistema 5X1 será mais produtivo que o atacante de meio realize este levantamento, pelo fato de que seu estilo de bola demanda habilidade, coordenação e entrosamento com o levantador, que neste caso não poderá fazê-lo, e o ponteiro e o oposto podem atacar uma bola mais alta por ele levantada sem trazer maiores prejuízos ao Sistema de Ataque. É importante que dentro dos treinamentos estas situações sejam coordenadas entre os jogadores.

A fim de não comprometer o Sistema de Recepção, no momento do saque adversário, enquanto o levantador realiza a infiltração, os demais jogadores permanecem em suas posições para definirem seus ataques nos locais preestabelecidos no Sistema de Ataque, para depois realizarem as trocas de posições, dirigindo-se à sua posição de especialização, a PF (Diagrama 28), permanecendo nesta posição durante todo o *rally*.

Na formação do Sistema Defensivo, com saque a favor, todos os jogadores realizam simultaneamente as trocas de posições no momento do sa-

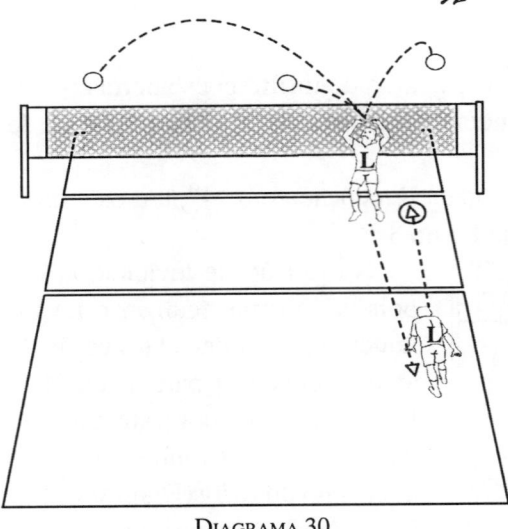

que, dentro das suas respectivas zonas, dirigindo-se então para a sua PF (Diagrama 28).

Para melhor explanação das situações no rodízio de saque, Sistema de Recepção e o saque a favor para a formação do Sistema Defensivo, vejamos os diagramas seguintes que correspondem ao 1°R, 2°R e 3°R, nas situações citadas. A PI corresponde ao Diagrama 27. O 4°R, 5°R e 6°R serão os mesmos do 1°R, 2°R e 3°R, respectivamente, mudando-se tão somente os jogadores em cada um dos rodízios de saque. Utilizarei nestes diagramas o Sistema de Recepção com "4" receptores e a Infiltração Fechada do levantador.

DIAGRAMA 30

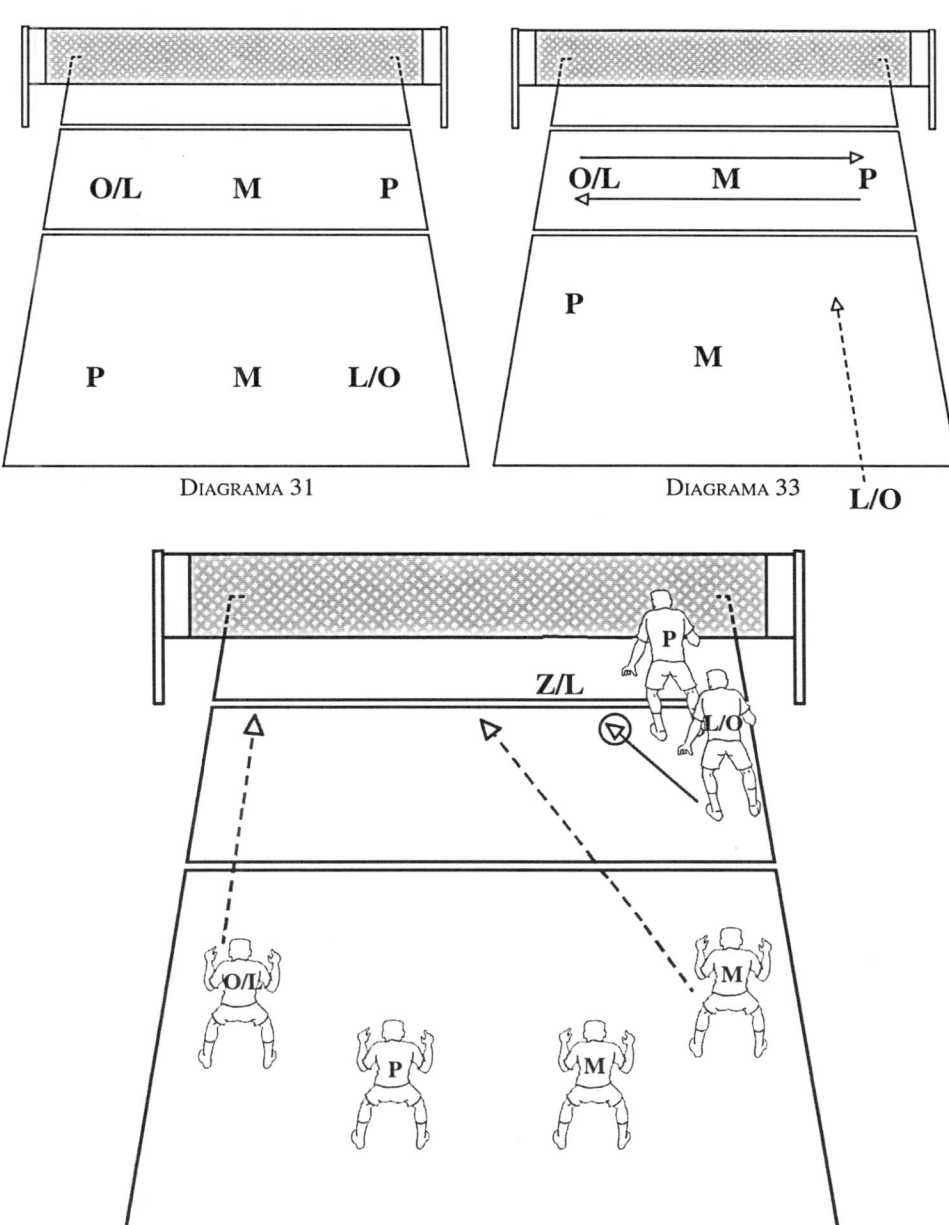

Diagrama 31

Diagrama 33

Diagrama 32

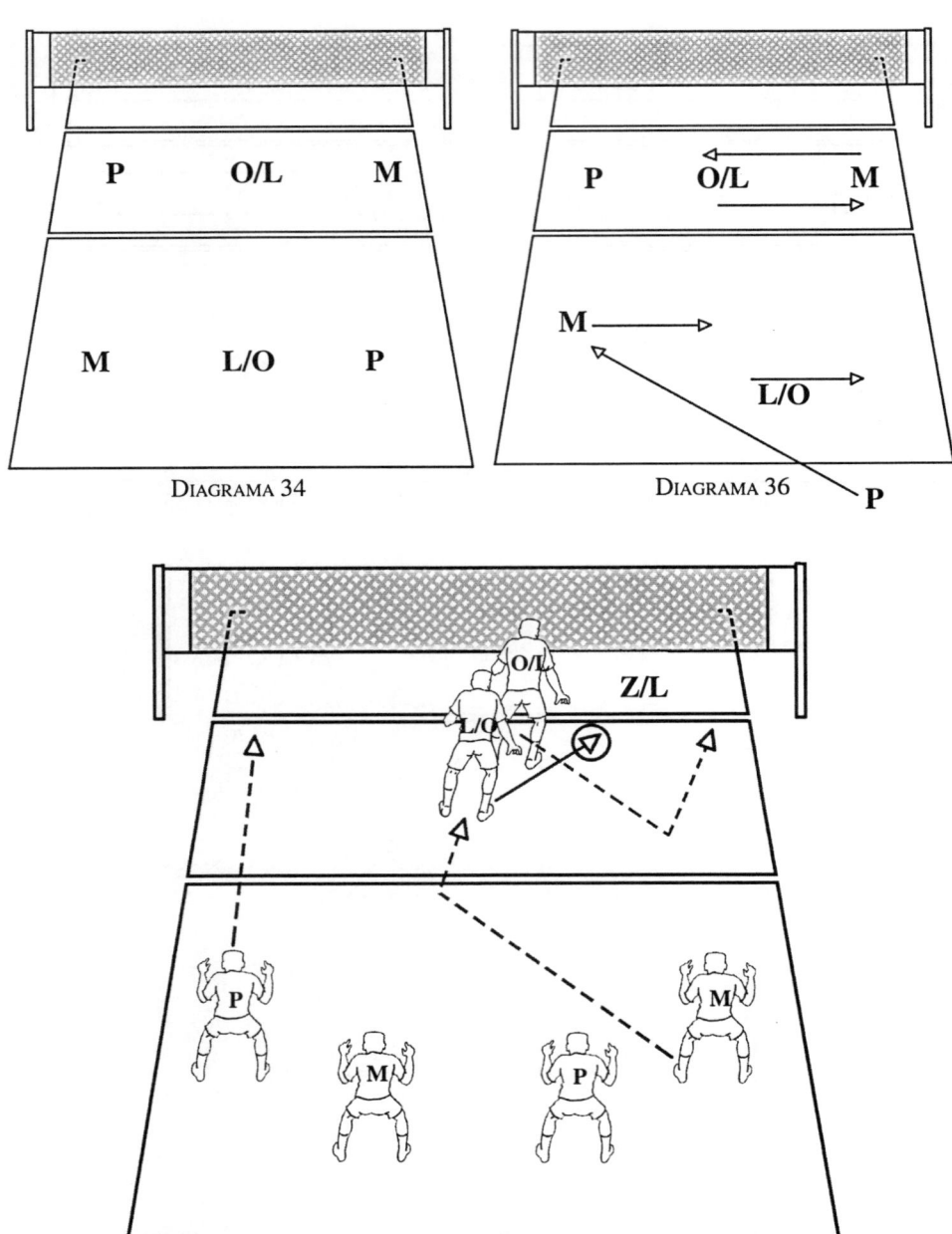

Diagrama 34

Diagrama 36

Diagrama 35

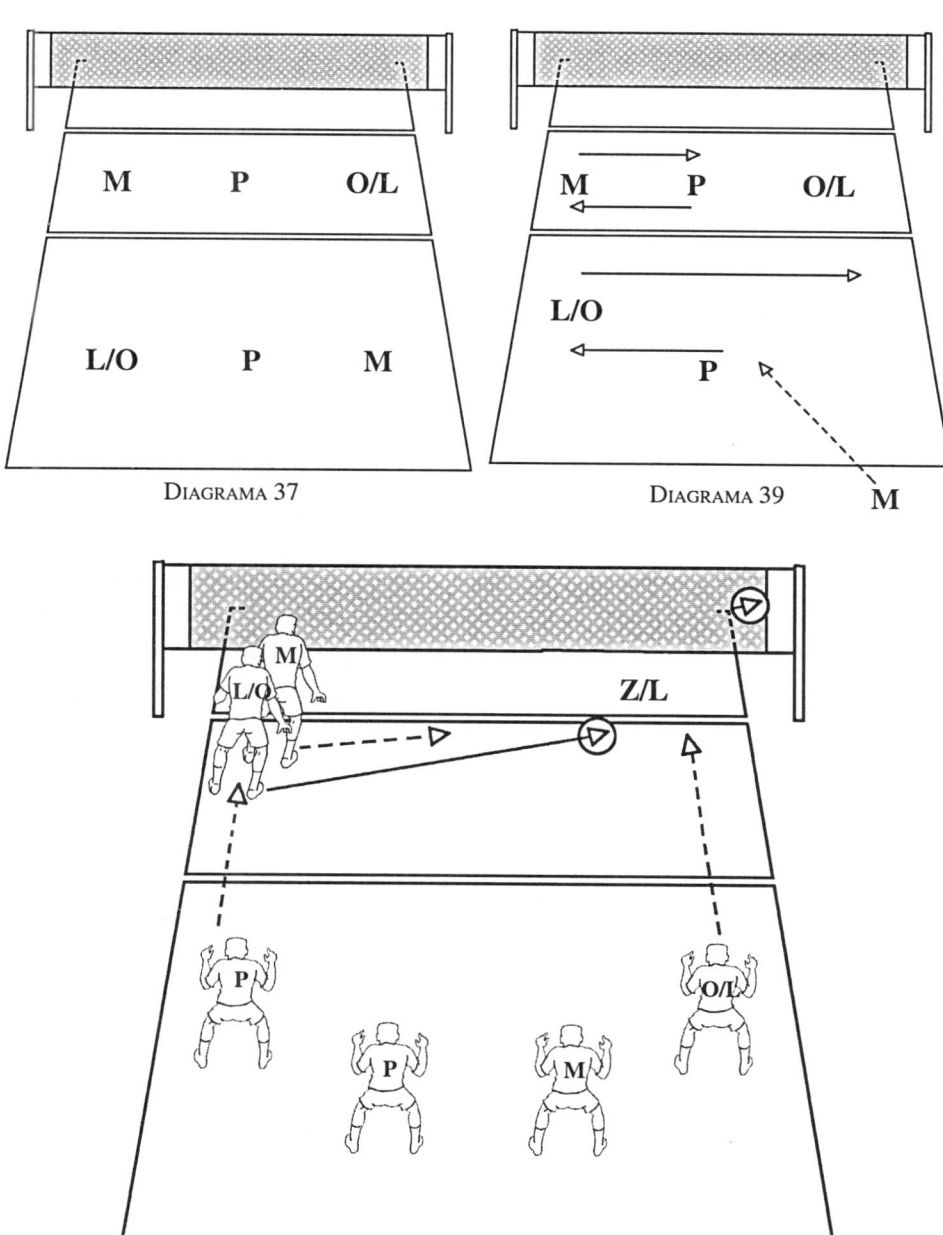

7. Sistema 5 X 1

A evolução dos sistemas chega a seu ápice com o Sistema 5 X 1. A especialização técnica por funções encontra seu limiar de rendimento, exigindo dos jogadores sua melhor performance técnica, entrosamento tático e equilíbrio das habilidades individuais nos fundamentos, tornando o Voleibol muito mais competitivo e dinâmico.

O levantador representa o núcleo-chave para o sucesso tático do sistema e das capacidades técnicas individuais dos jogadores, pela condição de ele ser o talento pensante na armação e distribuição das jogadas do Sistema de Ataque, devendo ter traços de personalidades específicas para a função, como liderança, equilíbrio emocional, paciência, inteligência tática, entre outros, além de ter de ser um excelente estrategista e com técnica apurada, principalmente para corrigir e surpreender os adversários nas bolas que eventualmente não cheguem "perfeitas" na Zona de Levantamento, inibindo sua melhor distribuição.

Didaticamente, podemos dizer que o Sistema 5 X 1 é o entrosamento do Sistema 4 x 2 Simples e o 4 X 2 com Infiltração. Com o levantador estando na Zona Ofensiva, atuará como no Sistema 4 X 2 Simples, realizando as trocas de posições e indo ocupar a Zona de Levantamento na P2, porém, quando nas posições da Zona Defensiva, procederá como no 4 X 2 com Infiltração, realizando a infiltração e indo ocupar a Zona de Levantamento na P2½.

A atuação de somente um levantador é o que mais caracteriza o Sistema 5 X 1, amplamente utilizado no Voleibol, seja de alto nível ou mesmo amadoristicamente. O oposto recebe a função de ser mais um atacante, porém com características específicas que o credenciam como ponto de equilíbrio na melhor performance no Sistema de Ataque. Quando o levantador está na Zona Ofensiva, ficando então com dois atacantes na rede, a utilização do ataque atrás da linha de 3 metros (russa ou ataque de fundo), principalmente pela P1, é o desafogo do levantador e referência para a segurança do Sistema de Ataque. Veremos com maior excelência no capítulo de Táticas de Ataque a importância dos ataques atrás da linha de 3 metros, que funcionam como uma bola de segurança para a equipe e "surpresa" para o Sistema Defensivo adversário.

O Diagrama 41 representa a ocupação do levantador na Zona Defensiva nas P1, P5 e P6, dentro do Sistema de Recepção, devendo executar a

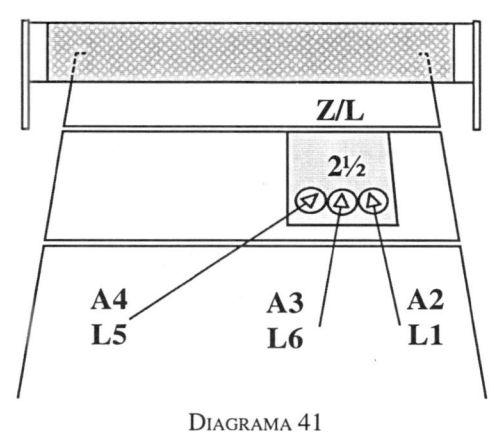

Infiltração, ocupando o espaço logo atrás do seu jogador correspondente, para, seguidamente, posicionar-se na Z/L, P2½, pois teremos três atacantes na rede. Da mesma forma que o Sistema 4 X 2 com Infiltração, deverá após a definição do ataque ir para a sua PF que será a P1, compondo o Sistema Defensivo e infiltrando por esta posição dentro do *rally* quantas vezes forem necessárias.

DIAGRAMA 41

Na formação do Sistema de Recepção e posicionado na Zona Ofensiva, realizará as trocas de posições indo ocupar a Zona de Levantamento na P2, como no Sistema 4 X 2 Simples (Diagrama 42). As funções, de acordo com as zonas de responsabilidades predeterminadas, em relação à especialidade, estão assim divididas:

02 Atacantes de Ponta: Atuam pelas posições 4 e 5.
02 Atacantes de Meio: Atuam pelas posições 3 e 6.
01 Atacante de Saída ou Oposto: Atua pelas posições 1 e 2.
01 Levantador: Atua pelas posições 1 e 2.

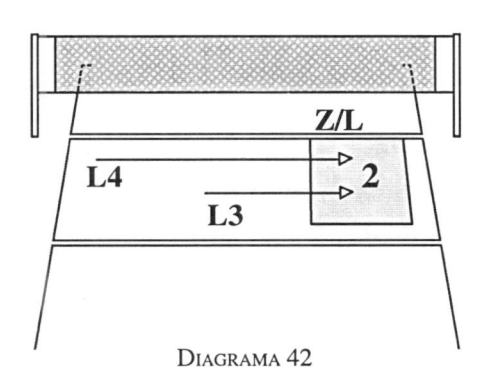

Como em todos os outros sistemas, a formação da PI é distribuída por meio de um equilíbrio técnico por funções de especialização, visando à obtenção de maior êxito nas táticas da equipe. Da mesma forma que nos outros sistemas, intercalam-se os jogadores por funções, fazendo com que dentro de cada rodízio haja sempre um especialista da P4

DIAGRAMA 42

(ponta), da P3 (meio) e da P2 (saída), tanto na Zona Defensiva, quanto na Ofensiva (Diagrama 43). A PF, que se relaciona com as trocas para as posições de especialização, seja após a efetivação do ataque ou no saque a favor para compor o Sistema Defensivo, é mostrada no Diagrama 44, na qual o levantador ocupa a Zona Defensiva e o oposto, a Zona Ofensiva.

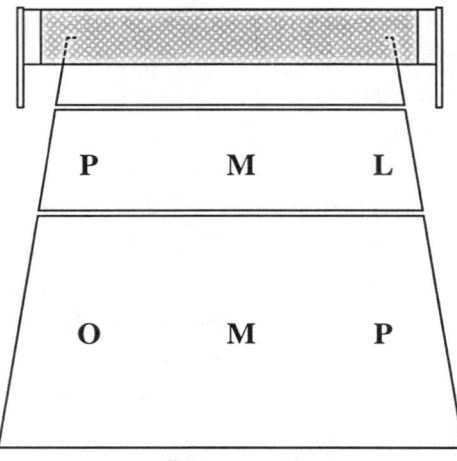

DIAGRAMA 43

Na recepção do saque adversário, como a troca de posições antecipada infringiria a regra e comprometeria todo o Sistema de Recepção, somente o levantador realiza a troca, quando posicionado na Zona Ofensiva, e a Infiltração, quando na Zona Defensiva, simultaneamente ao golpe do saque, enquanto os demais jogadores aguardam a efetivação do ataque nas posições em que se encontram, para depois realizarem as trocas para a sua posição de especialização, que será a sua PF (Diagrama 44).

O levantador, depois de infiltrar, realizar o levantamento e aguardar a efetivação do ataque, deverá ir para a sua PF, a P1, infiltrando por esta posição para efetuar os levantamentos, até o término do *rally* (diagrama 30). Quando na Zona Defensiva na P5 ou P6, realizará a troca para a P1, Sistema Defensivo, infiltrando depois da 1ª ação defensiva da sua equipe, e caso seja ele quem realize a 1ª ação defensiva, o jogador de meio, como já pormenorizado antes, será o mais indicado para realizar o levantamento aos demais atacantes.

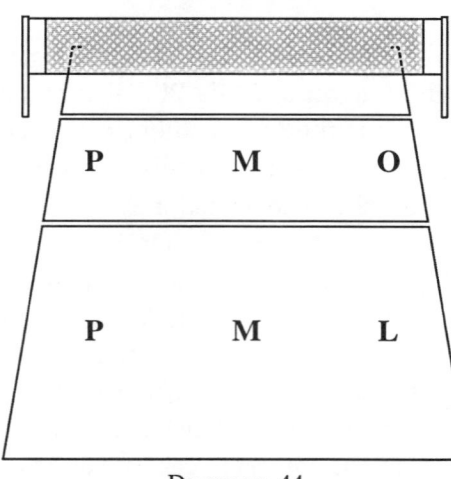

DIAGRAMA 44

Os diagramas seguintes dispõem os jogadores na nova PI. No Sistema de Recepção, a disposição dos jogadores possibilita que os atacantes possam definir os levantamentos na sua posição de especialização e as infiltrações do levantador de forma mais harmoniosa. No Sistema Defensivo, há as trocas com saques a favor para as posições de especialização. O Sistema de Recepção utilizado é com "4" receptores e a Infiltração Fechada do levantador.

Diagrama 45

Diagrama 47

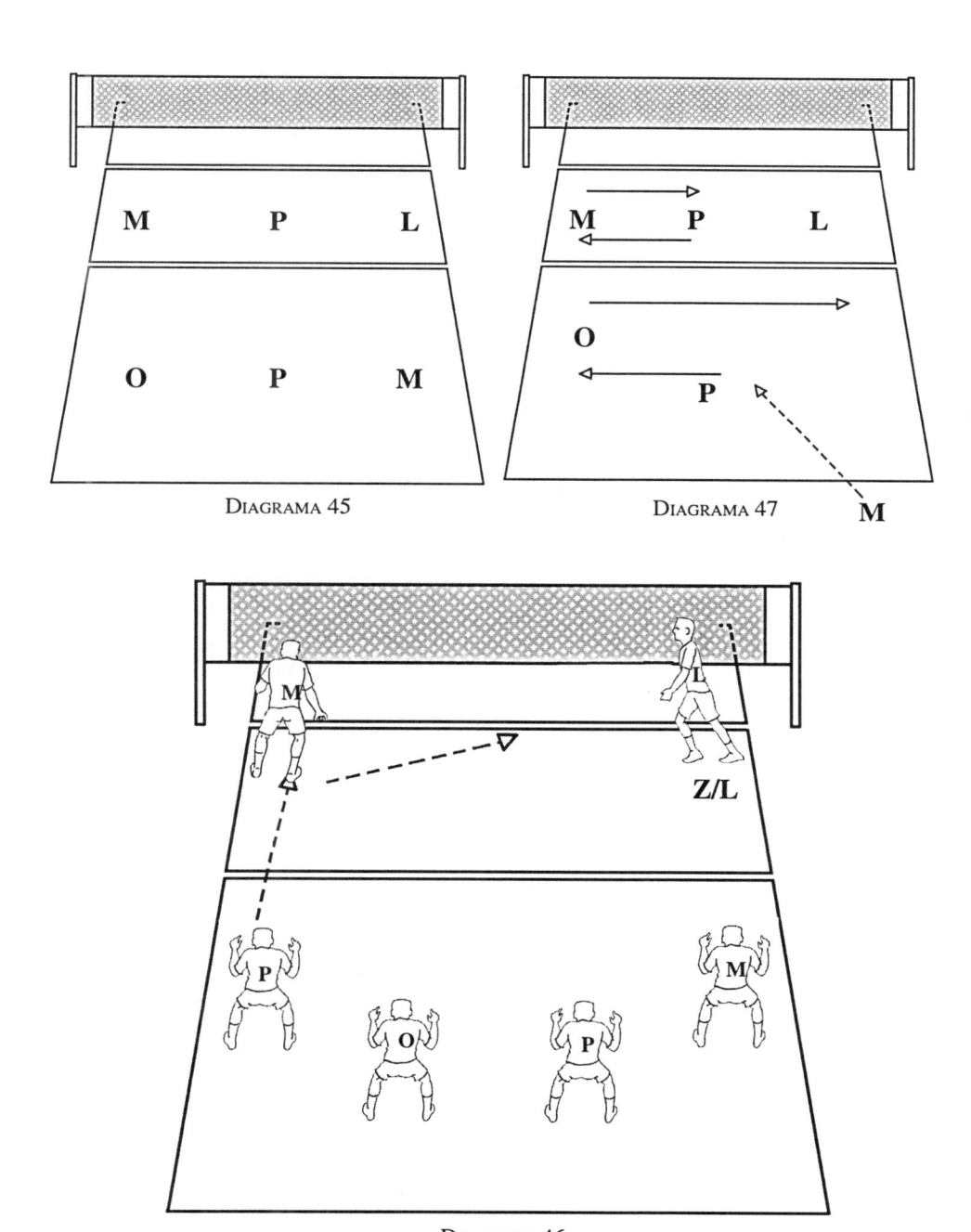

Diagrama 46

DIAGRAMA 48

DIAGRAMA 50

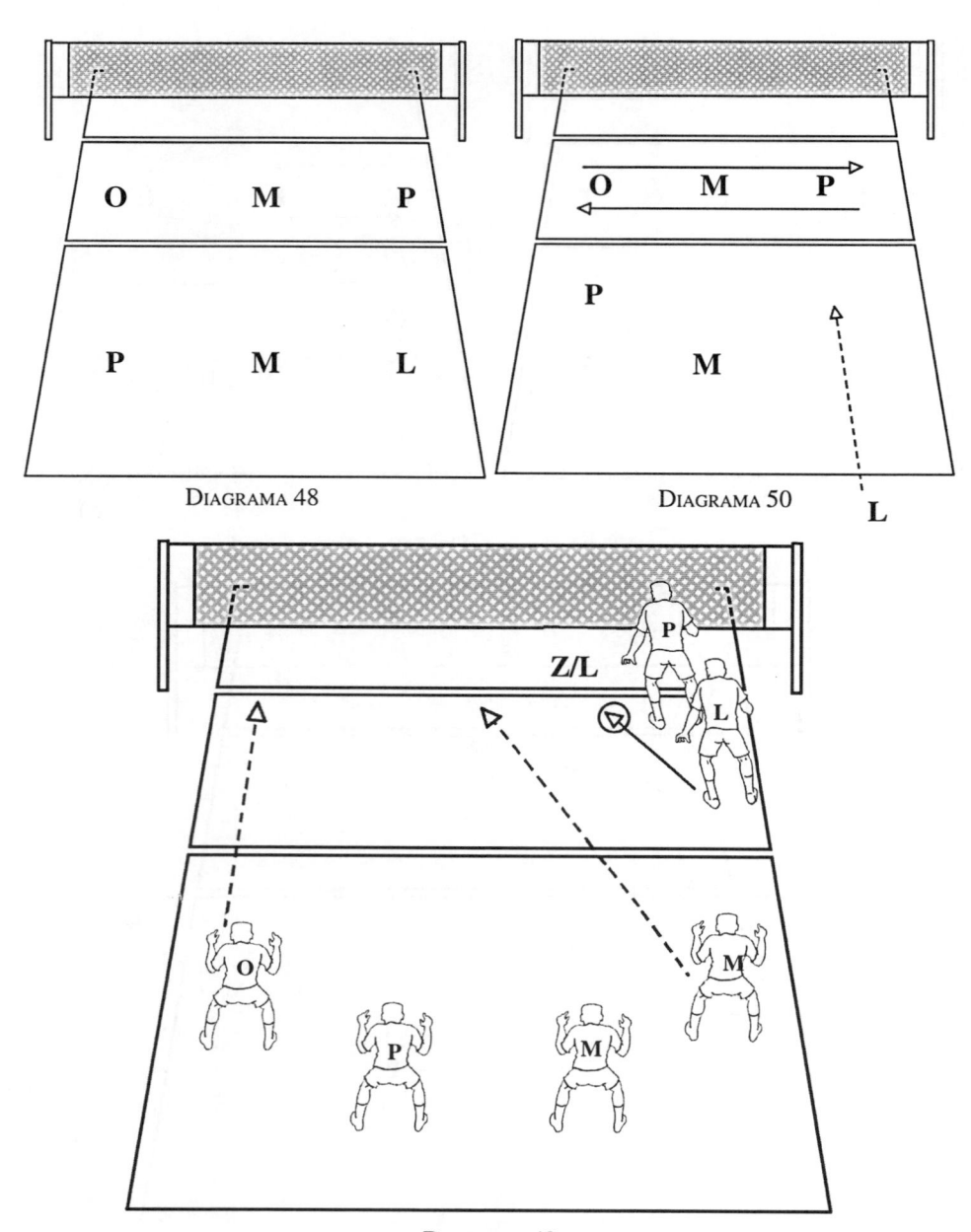

DIAGRAMA 49

Diagrama 51

Diagrama 53

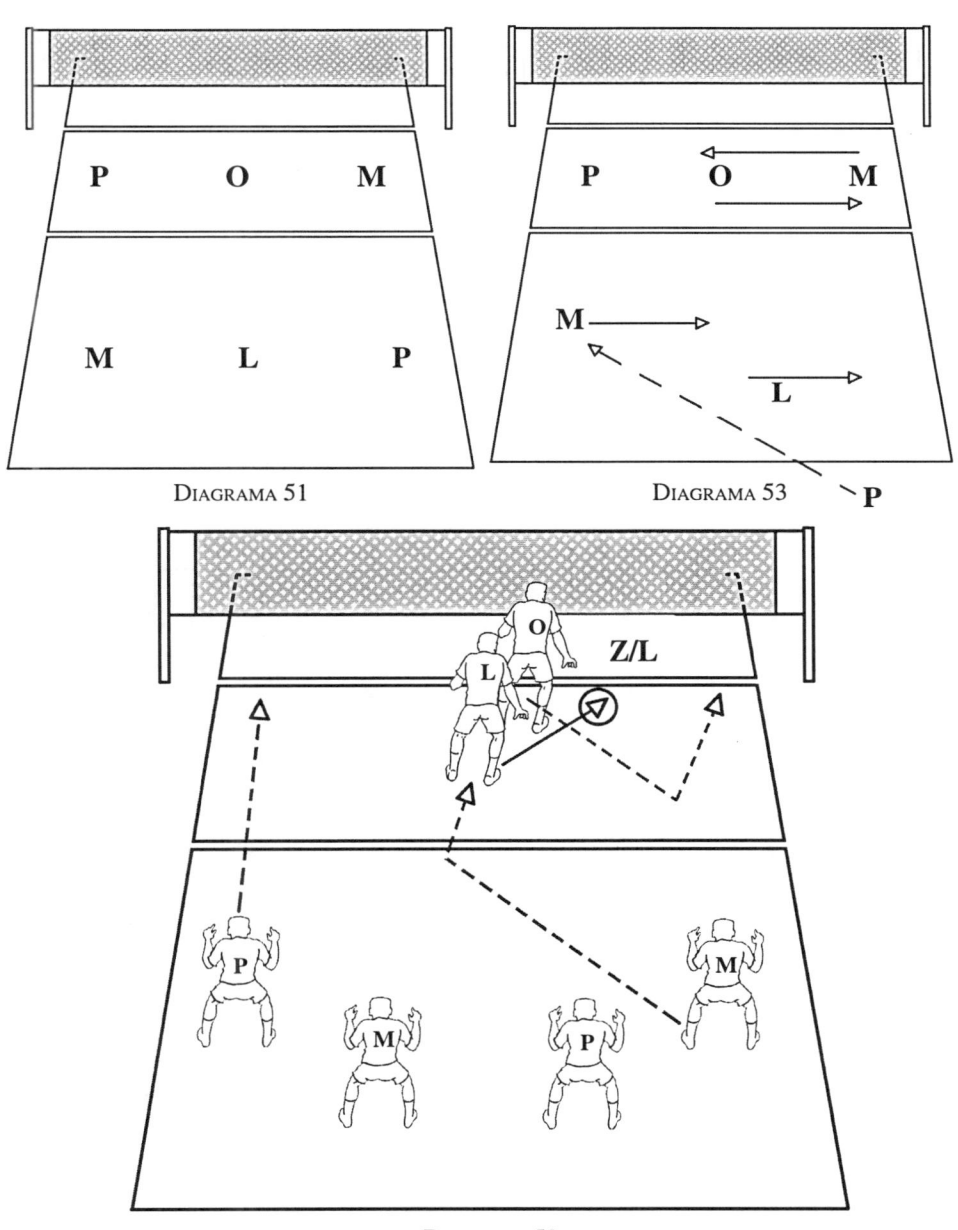

Diagrama 52

Diagrama 54

Diagrama 56

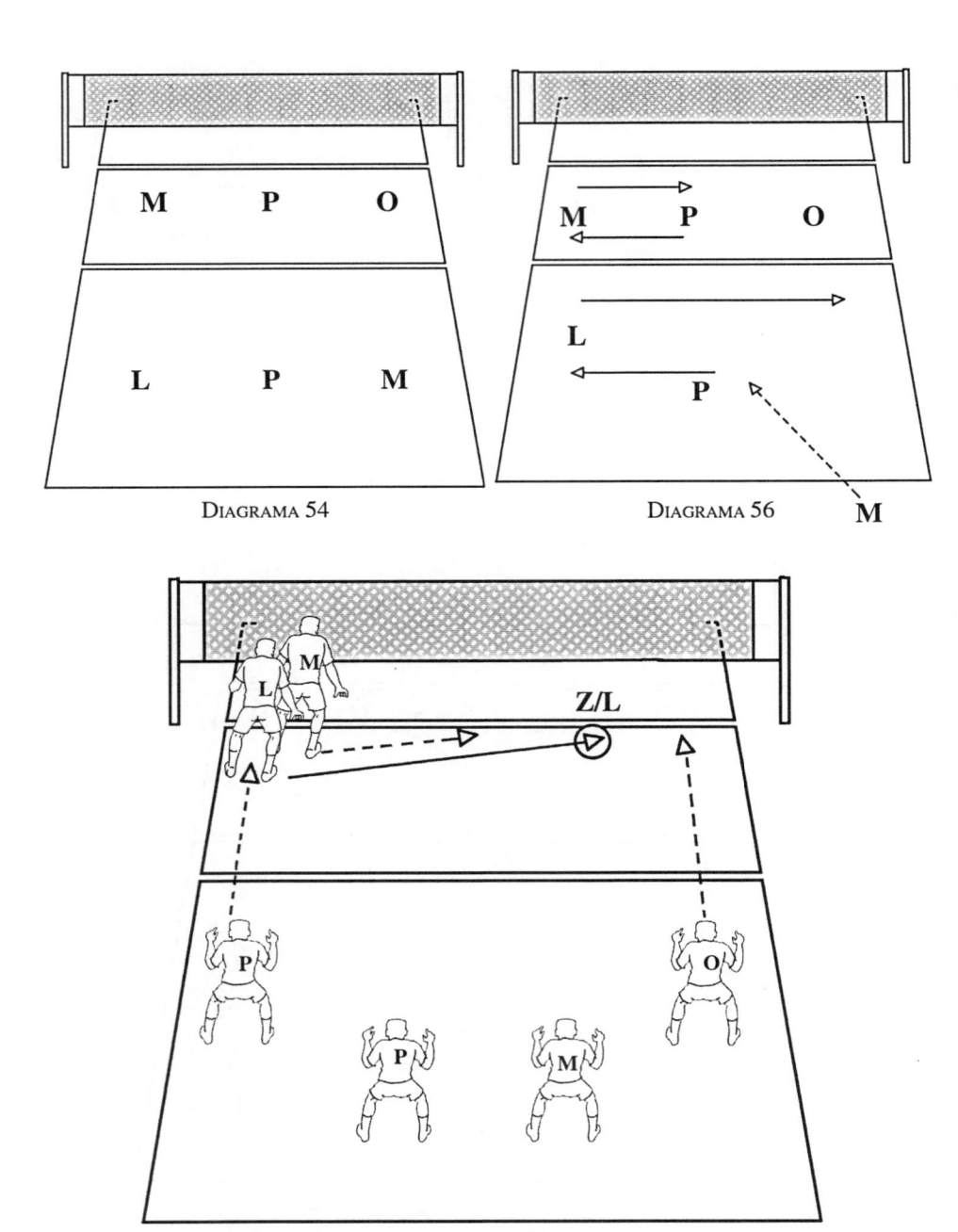

Diagrama 55

Diagrama 57

Diagrama 59

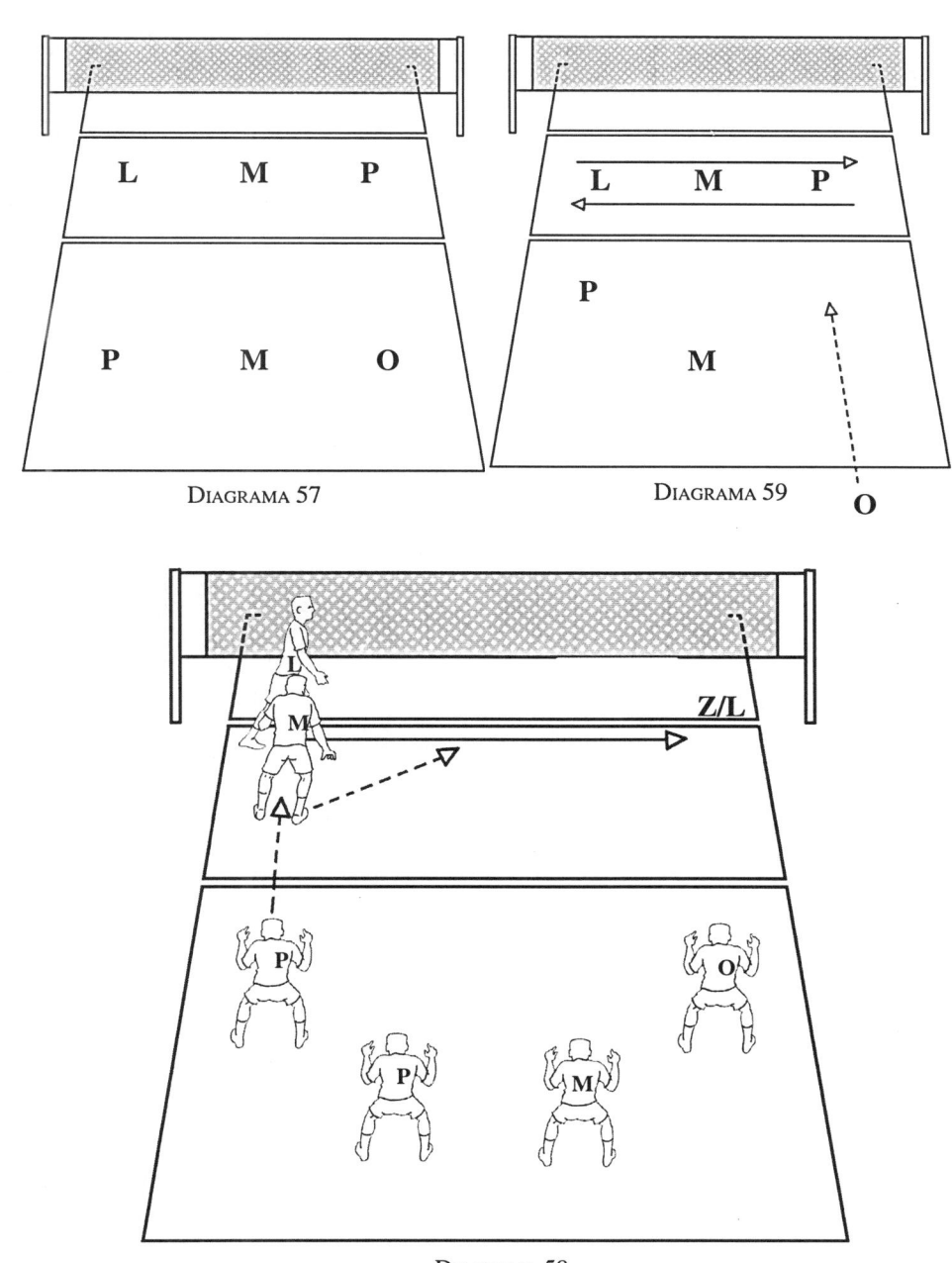

Diagrama 58

Diagrama 60

Diagrama 62

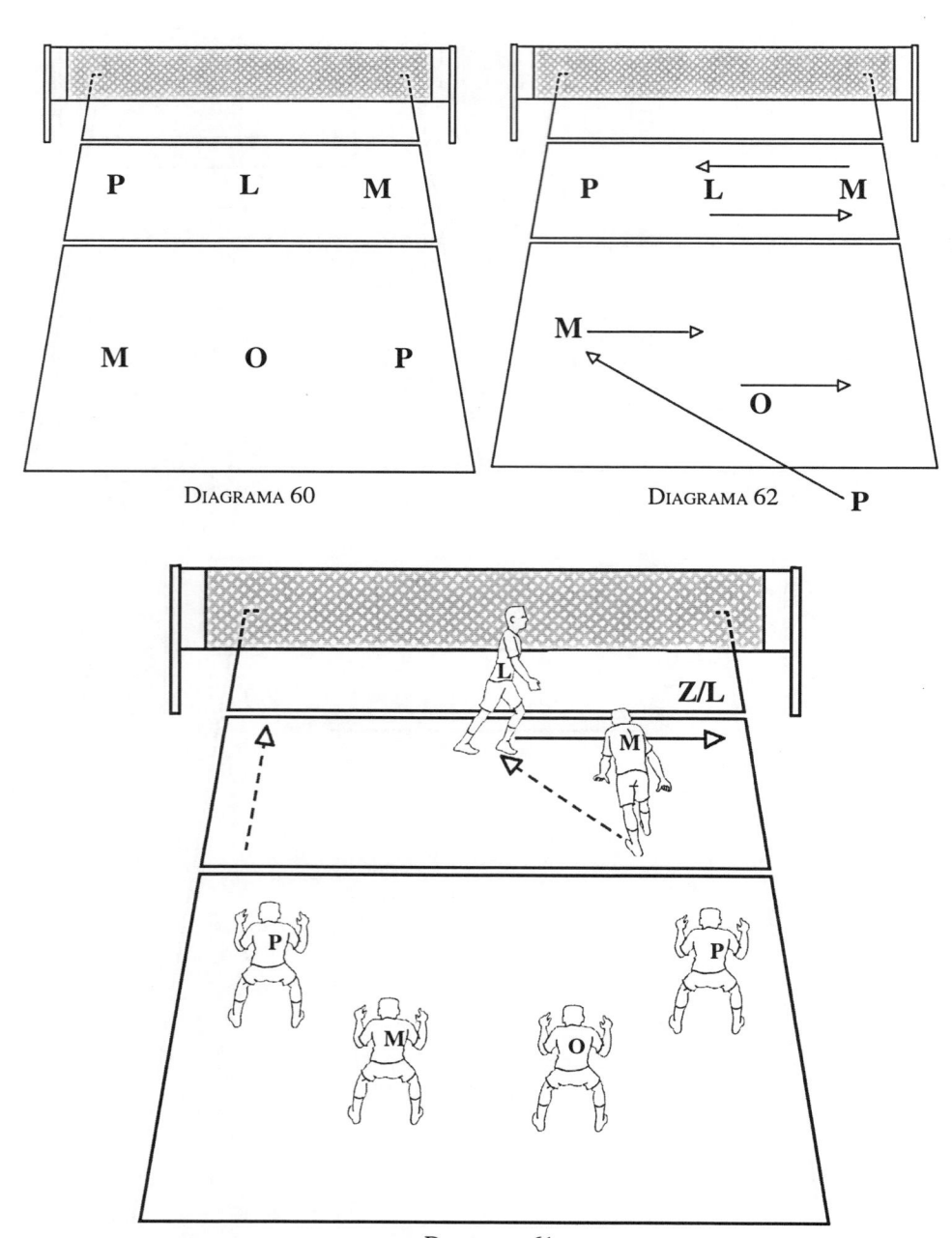

Diagrama 61

capítulo 2
SISTEMA DE RECEPÇÃO

1. Área de recepção

A atuação do Sistema de Recepção considera as formações que utiliza, buscando a melhor distribuição entre os jogadores, motivando o equilíbrio técnico e tático para receber o saque adversário com a maior eficiência possível. Procura-se alcançar este equilíbrio técnico e tático por meio da divisão de responsabilidades predeterminadas dentro da chamada "Área de Recepção" ou "Área de Passe", ocorrendo uma variação do número de jogadores responsáveis pelas maiores áreas predeterminadas, e é pelo número de jogadores que se classifica cada Sistema de Recepção.

A "Área de Recepção" é demarcada levando-se em conta a área onde ocorre a maior probabilidade de incidência de saques (Diagrama 63), distribuindo os jogadores em consideração à relação do tempo de deslocamento da bola no momento do saque, à altura da rede com relação à velocidade de deslocamento, agilidade e a envergadura dos jogadores, entendendo-se que seja possível para cada um deles poder realizar o passe da bola enviada pelo sacador, dentro da sua área de responsabilidade.

As Zonas de Responsabilidades Predeterminadas com relação à área em que cada receptor será responsável dentro da Área de Recepção, proporcionam a ele um melhor desempenho técnico, pois oferecem condições de melhor posicionar-se adequadamente dentro de seu espaço, e assim orientar-se antecipadamente, se a bola enviada pelo sacador dirige-se ao seu espaço, ou ao do seu companheiro, devido ao fato de que esta pré-divisão facilita-lhe perceber onde termina o espaço de um, e começa o de outro. Os diagramas demonstrados dessa divisão têm fim didático, mas ela deve levar em consideração a posição em que se encontra o jogador no rodízio de saque, sua capacidade técnica e a sua função de especialização.

É importante lembrar que a distribuição dos jogadores em qualquer um dos sistemas deve respeitar a Regra 7.4 Posicionamento (Regras Oficiais de Voleibol - Cobraf 2001/2004).

A evolução progressiva da qualidade técnica dos jogadores no fundamento manchete (apesar de se poder usar o toque), agregada ao nível técnico da equipe, necessariamente objetiva a existência de menos jogadores responsáveis por esta função. A alta performance na especialização da recepção reflete, significativamente, no Sistema de Ataque, pois influencia diretamente na qualidade do levantamento, na preparação das jogadas de ataque e na precisa distribuição por parte do levantador.

Importante salientar que, independentemente do Sistema de Recepção adotado pela equipe, as pré-divisões das Áreas de Responsabilidades podem sofrer algumas variações em comunhão com o nível técnico, psicológico e físico dos receptores, do local em que o sacador adversário posiciona-se dentro da Zona de Saque, e do tipo de saque adotado pelo sacador. A adoção de qualquer tipo de formação no Sistema de Recepção pode ser utilizado, independentemente do Sistema de Jogo utilizado pela equipe.

DIAGRAMA 63

Didaticamente, as variações do Sistema de Recepção podem ser classificadas por formas "assimétricas" ou "simétricas", de acordo com o número de jogadores responsáveis pelas maiores áreas. Dessa forma teremos:

RECEPÇÃO em "W": Cinco receptores.
RECEPÇÃO em SEMICÍRCULO: Quatro ou três receptores.
RECEPÇÃO PARALELA ou LINHA RETA: Dois receptores.

Essa variação quanto ao número de receptores - seja com "5", "4", "3" ou "2" receptores, pode também sofrer variações observadas dentro dos rodízios de saque, em que determinado rodízio pode ser executado com três jogadores, outro com dois etc., permitindo existir ainda um revezamento entre os jogadores em cada rodízio, havendo em cada um, jogadores diferentes a executá-los. Com relação à variação do número de receptores em determinados rodízios, isso é amplamente executado no Voleibol de alto nível competitivo, em que, normalmente, são dois os receptores responsáveis, mas quando o adversário executa o "saque viagem", devido a ele ser de alta velocidade e efeito, a estratégia de cobrir a Área de Recepção com três receptores facilita o trabalho dos passadores.

A regra do Voleibol, no momento do saque, exige um posicionamento por parte dos jogadores que não deve ser alterado. Dessa forma, os jogadores que não participam diretamente da ação da recepção devem "esconder-se" nos espaços de menor incidência de saque, sem prejudicar as ações dos receptores.

Salvando-se as táticas coletivas relacionadas com cada equipe e seus adversários, podem-se citar algumas condições básicas a serem utilizadas para "esconderem-se" os jogadores:
- Jogador de má qualidade técnica na recepção;
- Atacantes de meio de rede;
- Atacante correspondente ao levantador utilizando-se da Infiltração Fechada;
- Atacantes que se encontram na rede; e
- Jogador eficaz no ataque de fundo, posicionado na Zona Defensiva.

Na apresentação dos Diagramas utilizarei o Sistema de Jogo 5 X 1, evidenciando cada um dos rodízios e as Zonas de Responsabilidades Predeterminadas, em cada um deles. A Posição Inicial a ser utilizada obedece a tática de favorecer que os ponteiros sejam os passadores em todos os rodízios, não ocorrendo o efeito esperado com a Recepção em "W", como já mencionado no Capítulo 1, no tópico 2, Posição Inicial.

2. Recepção em "W" – com 5 receptores

Esse tipo de Sistema de Recepção é utilizado principalmente em categorias de iniciantes do Voleibol. É conhecido como "W", em virtude do posicionamento de seus receptores, que em suas disposições, acabam imaginariamente formando a letra "W". As pré-divisões das Zonas de Responsabilidades são divididas entre os cinco jogadores, que, praticamente, as têm iguais em dimensão.

A maior dificuldade nesse Sistema são as bolas sacadas entre os jogadores, que normalmente causam certa indefinição entre os envolvidos e sérios prejuízos à equipe. A disposição entre eles dificulta que possam realizar seus ataques na sua posição de especialização em todos os rodízios, mas para os iniciantes é o melhor a ser praticado, pois oferece a condição a todos de participarem da recepção e dos ataques em todas as posições sem que haja qualquer especialização precoce.

Deve-se tomar um cuidado no 5ºR, para não infringir a regra de posicionamento dos jogadores, onde o jogador de meio, na P3 - posiciona-se para receber o saque do outro atacante de meio, da P6, que avançou um pouco para compor o "W".

Como os diagramas são com o Sistema 5 X 1 e neste sistema ocorrem as infiltrações do levantador quando na Zona Defensiva, só é possível utilizar-se de Infiltrações Abertas, tendo em vista que, com exceção do levantador, os demais jogadores apresentam-se para a recepção.

Nos diagramas que se seguem há as apresentações dos rodízios de saque, a distribuição dos jogadores na Zona de Recepção e a caracterização do Sistema de Recepção em"W". As exposições têm fim didático, podendo haver outras variações, relacionadas principalmente ao Sistema de Ataque:

M	P	L
O	P	M

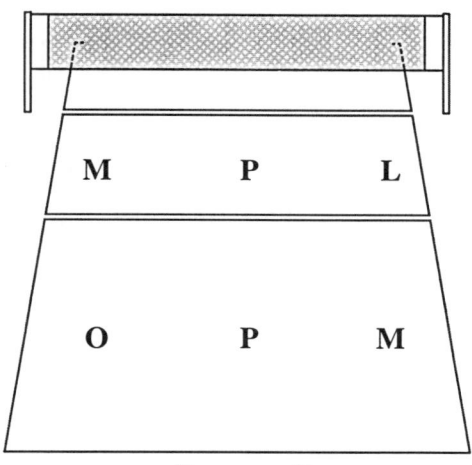

Diagrama 64

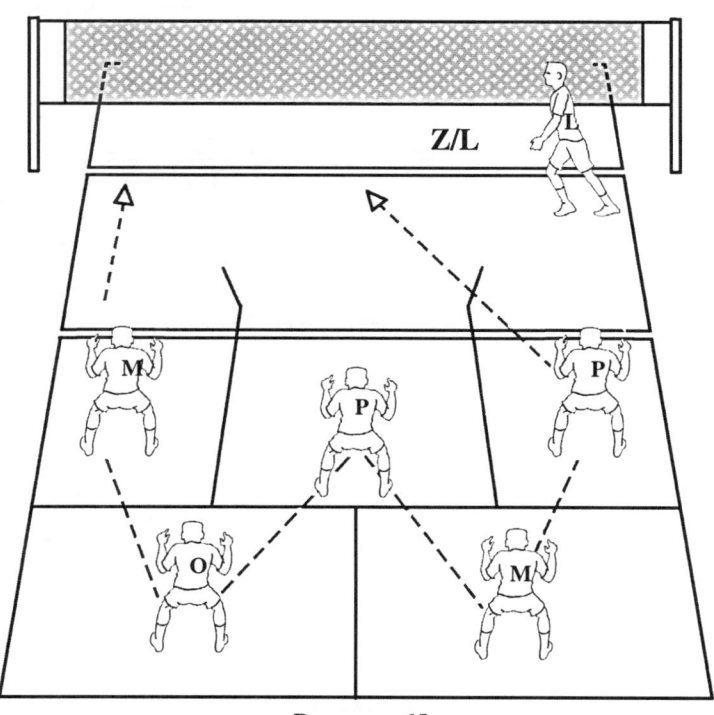

Z/L

Diagrama 65

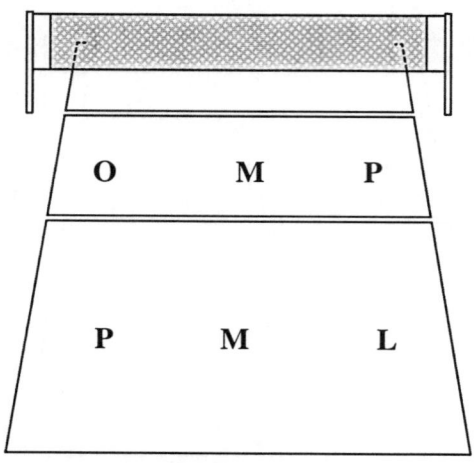

Diagrama 66

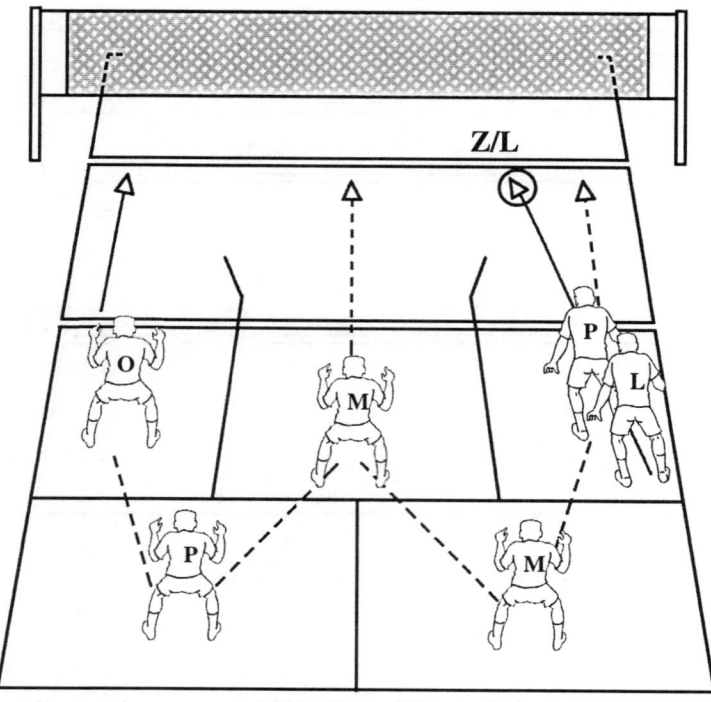

Diagrama 67

51

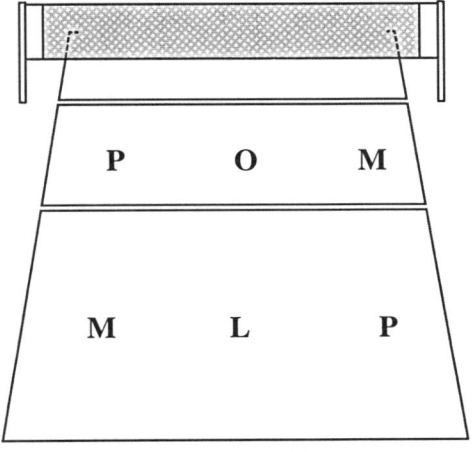

DIAGRAMA 68

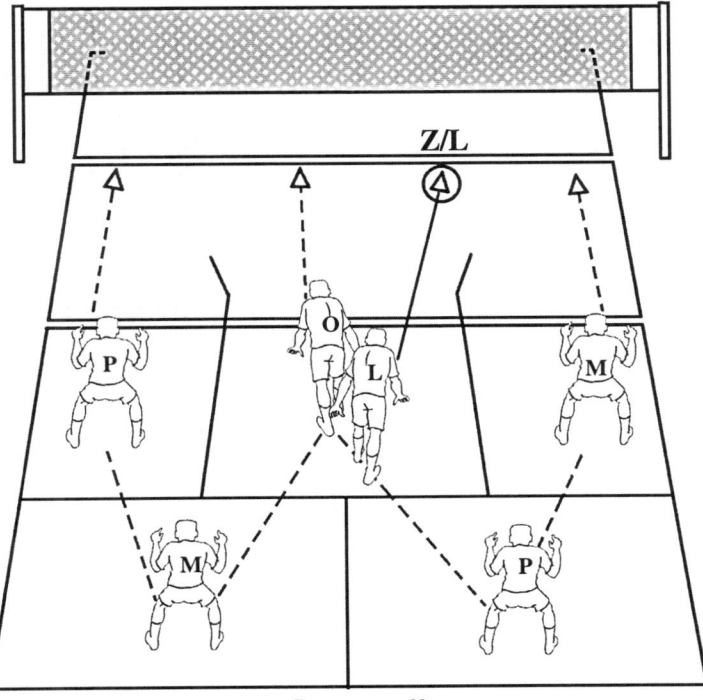

DIAGRAMA 69

52

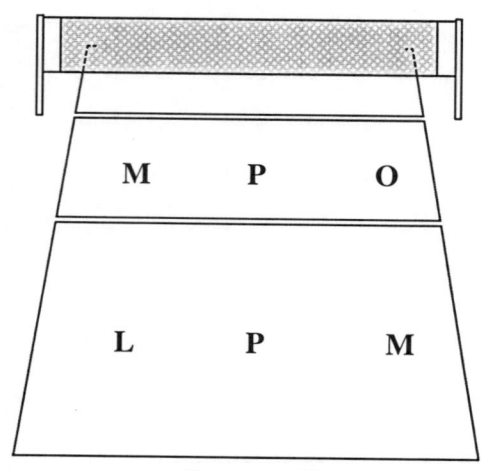

DIAGRAMA 70

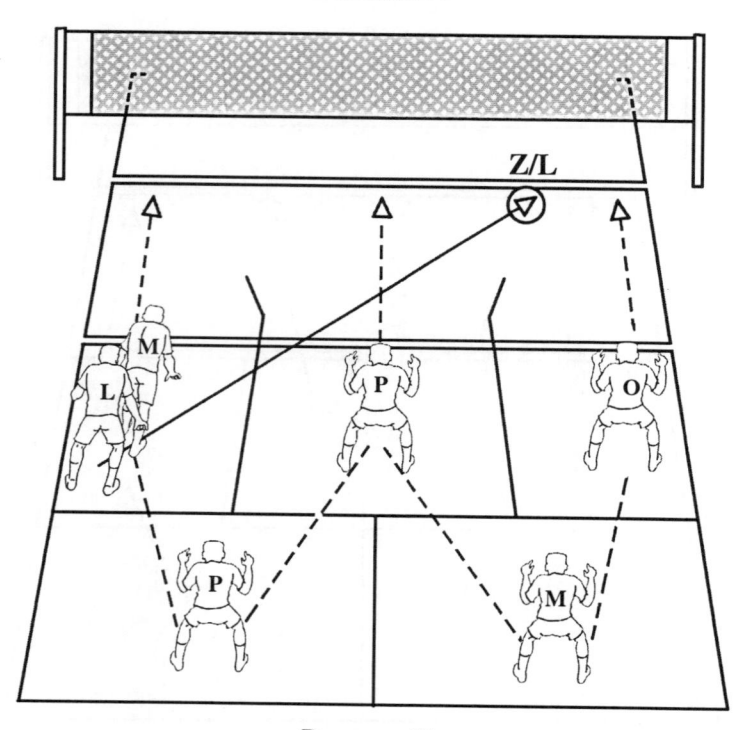

DIAGRAMA 71

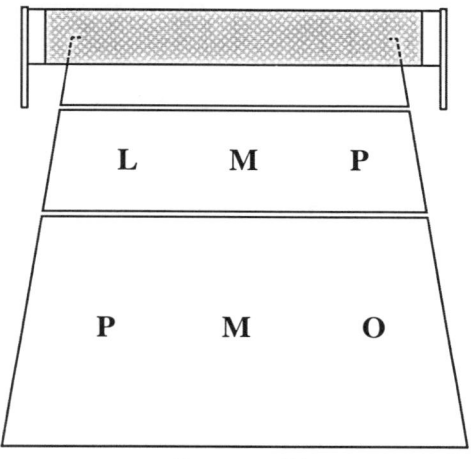

Diagrama 72

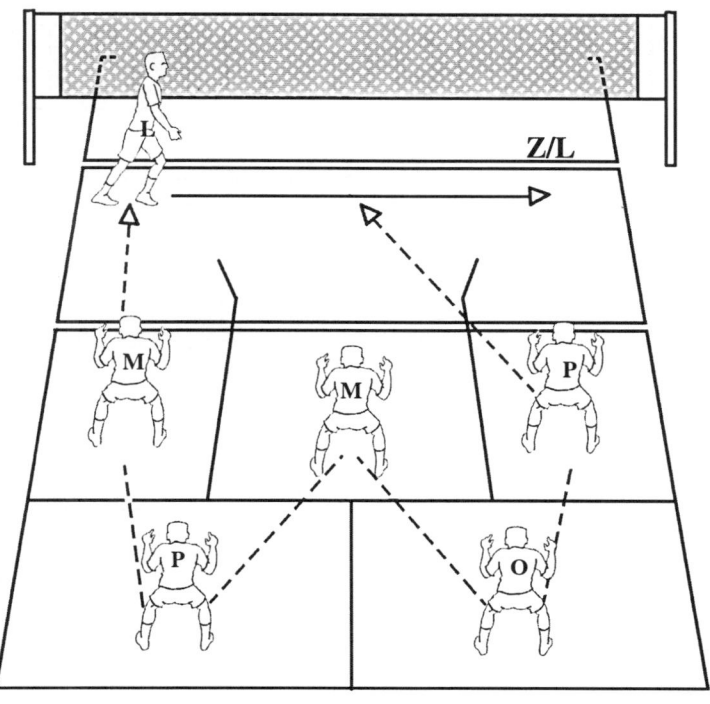

Diagrama 73

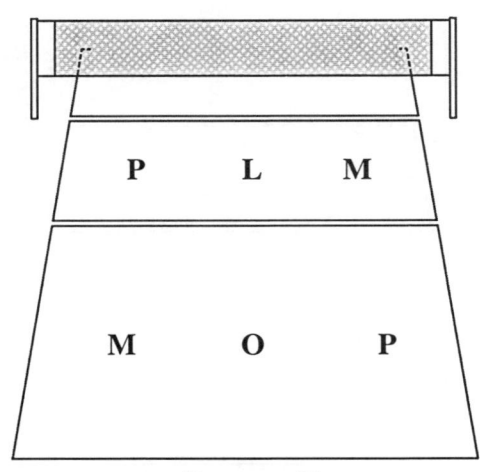

DIAGRAMA 74

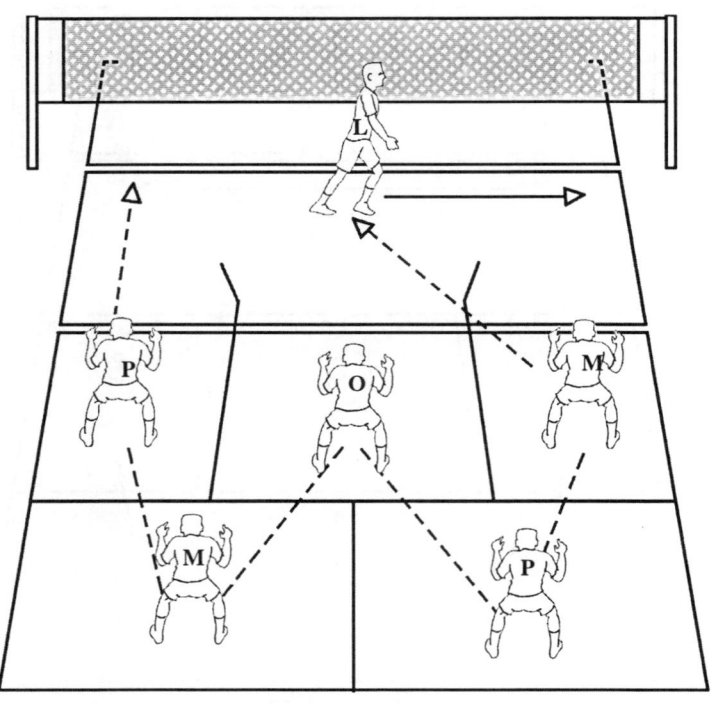

DIAGRAMA 75

3. Recepção com "4"

Desde a iniciação, como tática, ensina-se aos iniciantes que no momento do saque procurem dirigi-lo ao receptor de menor qualidade técnica, e como raramente encontram-se cinco receptores de nível técnico equilibrado, a necessidade em "esconder" um jogador da formação da recepção tornou-se visível, pois a boa qualidade técnica na recepção influencia diretamente no resultado de uma partida. Além dessa situação de equilíbrio técnico na recepção, pode-se "livrar" um atacante do passe, proporcionando-lhe a condição de preocupar-se somente em estar bem posicionado para definir com maior precisão seu ataque, e também a situação de preservar a Zona de Infiltração do saque adversário, realizando uma Infiltração Fechada e, desta forma, "esconder" o jogador correspondente ao levantador, entre outras já citadas.

A estratégia em "livrar" qualquer atacante deve ser feita de acordo com a tática de cada equipe, mas o jogador, mais habitualmente utilizado, é o meio de rede, que em virtude de atacar uma bola extremamente rápida, sua liberdade na recepção facilita e fortalece o Sistema de Ataque. Nos Diagramas a seguir, utilizei esta opção, a de "livrar" os atacantes de meio do passe, dificuldade encontrada somente no 3ºR, quando o levantador está infiltrando no seu correspondente, o oposto. Na apresentação do Sistema de Jogo 5X1, do capítulo anterior, foi utilizada uma outra opção, a de utilizar a Infiltração Fechada e realizar a recepção com os outros quatro jogadores.

A distribuição das Zonas de Responsabilidade entre os jogadores encontra melhor equilíbrio na formação em "semicírculo". Como o atacante de meio se encontra "escondido" na Zona Ofensiva, os saques curtos que venham na sua direção ou, no de seu deslocamento, acabam sendo de sua responsabilidade, e como demonstram os diagramas a seguir acabam diminuindo as Zonas de Responsabilidade de seus companheiros.

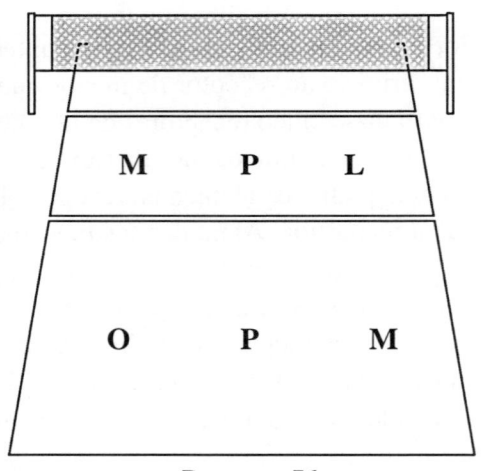

Diagrama 76

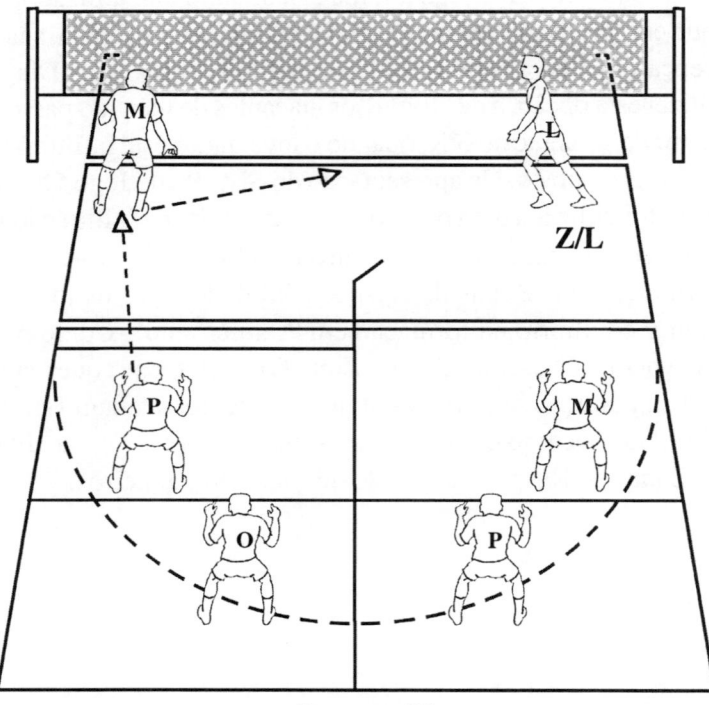

Diagrama 77

57

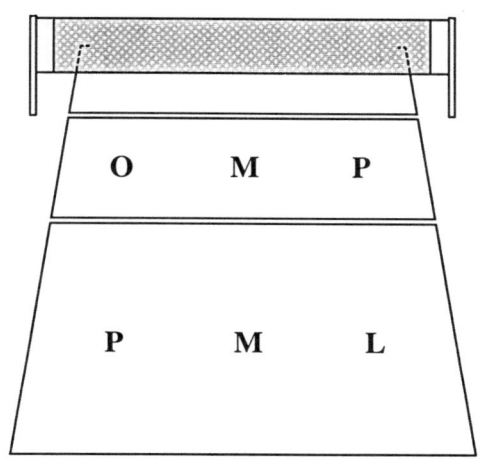

DIAGRAMA 78

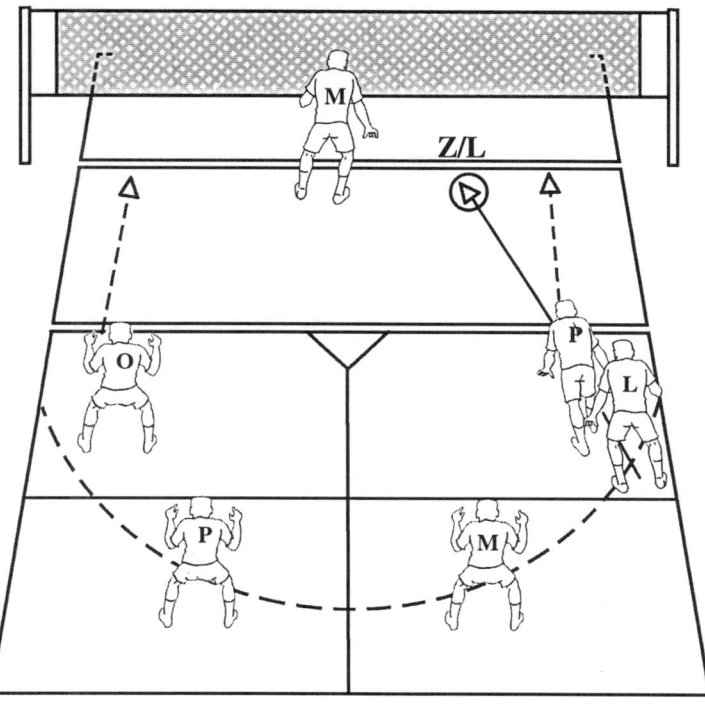

DIAGRAMA 79

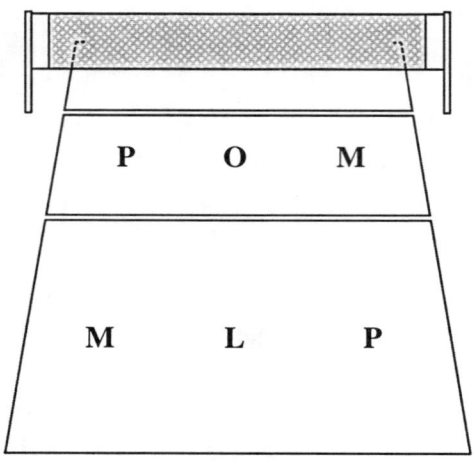

DIAGRAMA 80

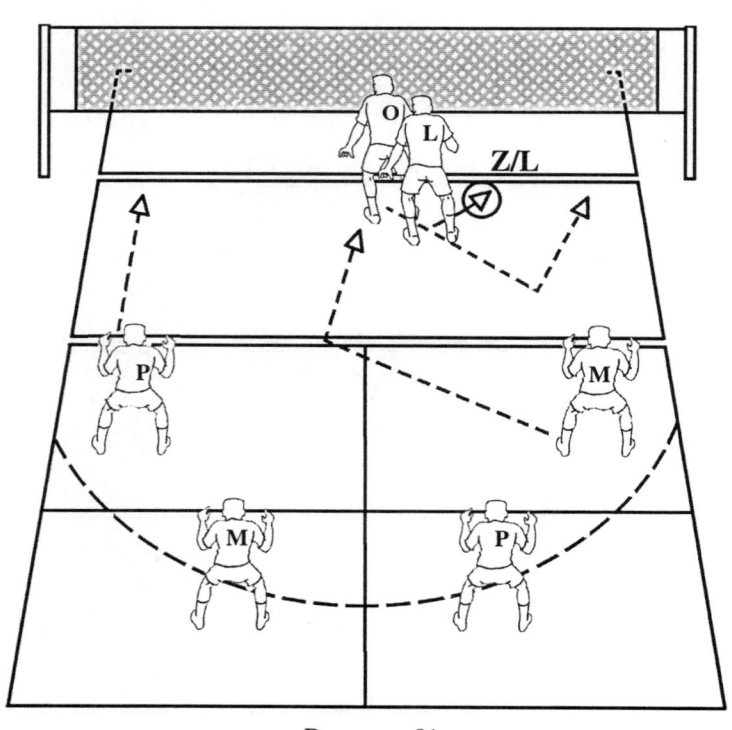

DIAGRAMA 81

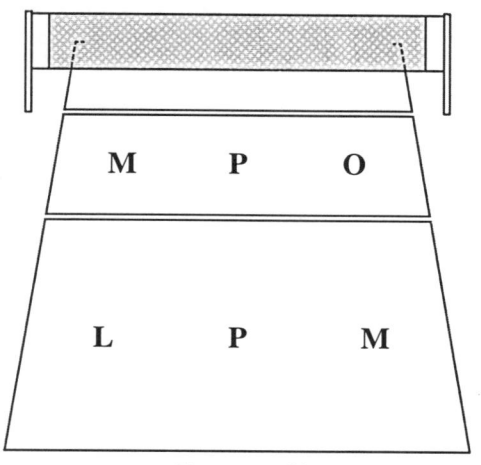

DIAGRAMA 82

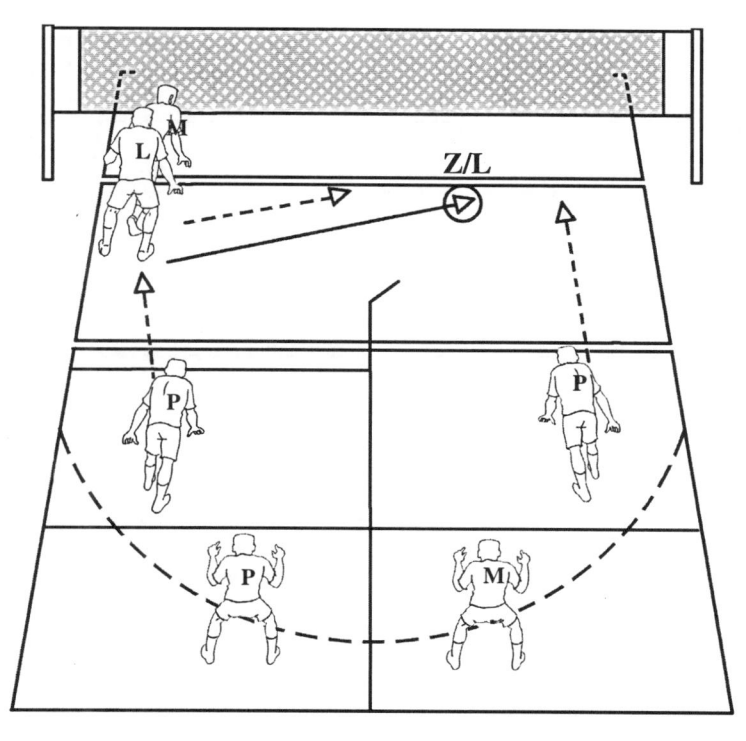

DIAGRAMA 83

L	M	P

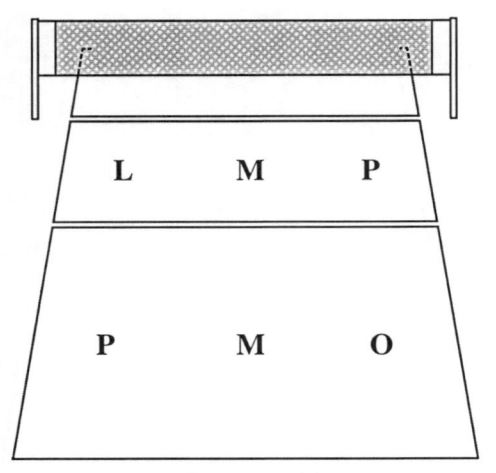

P	M	O

Diagrama 84

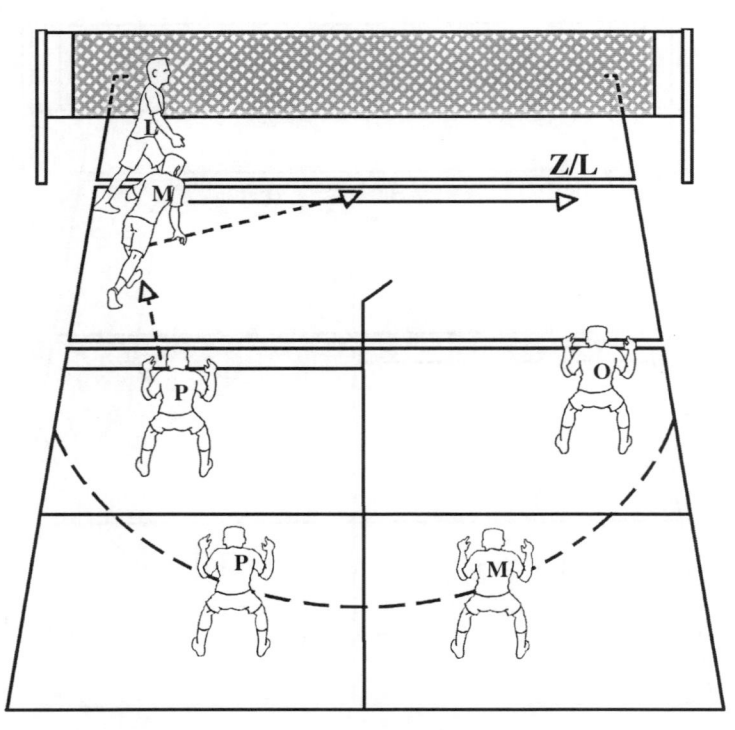

Z/L

Diagrama 85

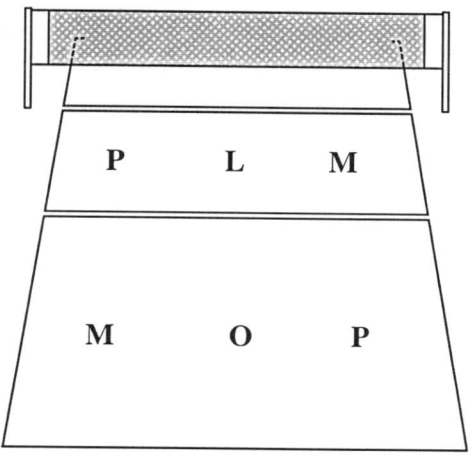

Diagrama 86

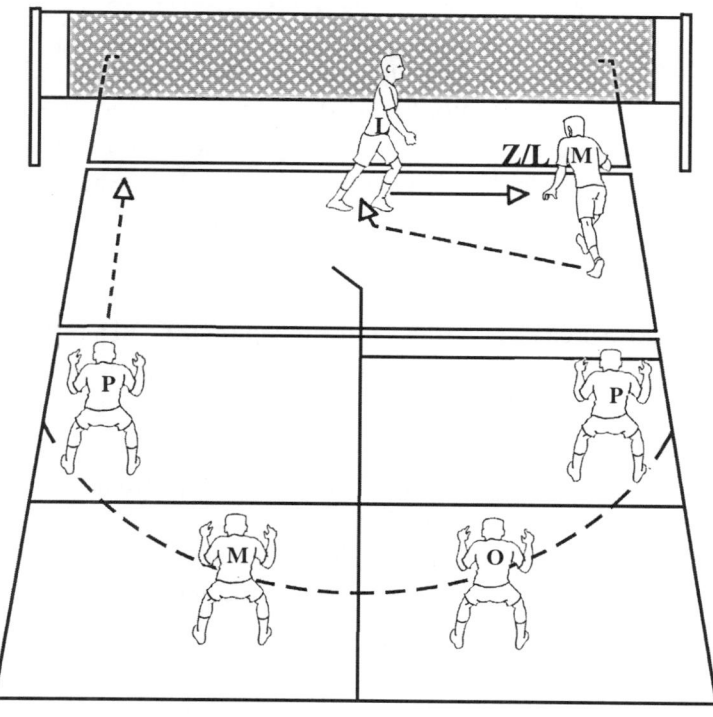

Diagrama 87

4. Recepção com "3"

O processo de evolução do Sistema de Recepção apresenta na recepção com "3" a formação mais utilizada, principalmente na categoria feminina, servindo também na categoria masculina em alguns rodízios específicos, por opção tática, pela própria qualidade técnica dos receptores ou pelo estilo dos saques adversários.

A distribuição dos jogadores por Zonas de Responsabilidade na quadra encontra equilíbrio no semicírculo (por vezes até em uma linha reta), "escondendo-se" os jogadores pela qualidade dos receptores ou para facilitar a finalização de algum atacante. Nos diagramas seguintes, a opção foi continuar "escondendo" o atacante de meio que se encontra na rede, e agora o jogador oposto, deixando-os com maior liberdade para aproveitá-los ao máximo dentro do Sistema de Ataque; o meio, na rede e o oposto tanto na rede quanto no fundo, seja pela P1 ou P6. Deve-se ter o cuidado para que o jogador "escondido" no fundo não atrapalhe os receptores, prejudicando o sistema.

Com três receptores, existe uma outra variação utilizada, especialmente, para que se possa dar maior liberdade e "tirar a pressão" ao atacante que está na recepção ou mesmo a algum receptor momentaneamente em dificuldades; é o chamado "2+1". Os dois receptores que estão na Z/D ficam com uma área maior (cerca de 80%) em relação ao outro jogador da recepção (cerca de 20%). Quando se utiliza o jogador "Líbero", um especialista na função, ele acaba dominando grande parte da Área de Recepção, diminuindo, então, a área de ação dos outros receptores. Com a introdução deste especialista e a potência do saque adversário, esta formação é bastante utilizada a fim de resguardar e dar uma folga maior aos atacantes envolvidos na recepção. Conforme for a qualidade do saque adversário, o líbero tem a autonomia de ser o 1º homem na recepção e até de interferir na bola que não está na sua área de responsabilidade.

Deve-se tomar um cuidado no 1ºR e 4ºR, para não se infringir a regra Posicionamento dos jogadores, em que o jogador da P3 – posicionando-se para receber o saque adversário na P4 – fique ligeiramente à frente do jogador da P6.

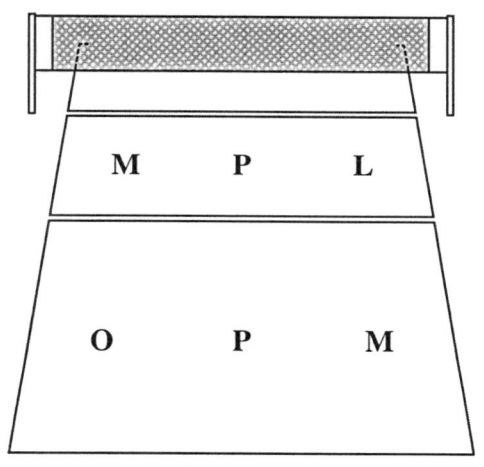

DIAGRAMA 88

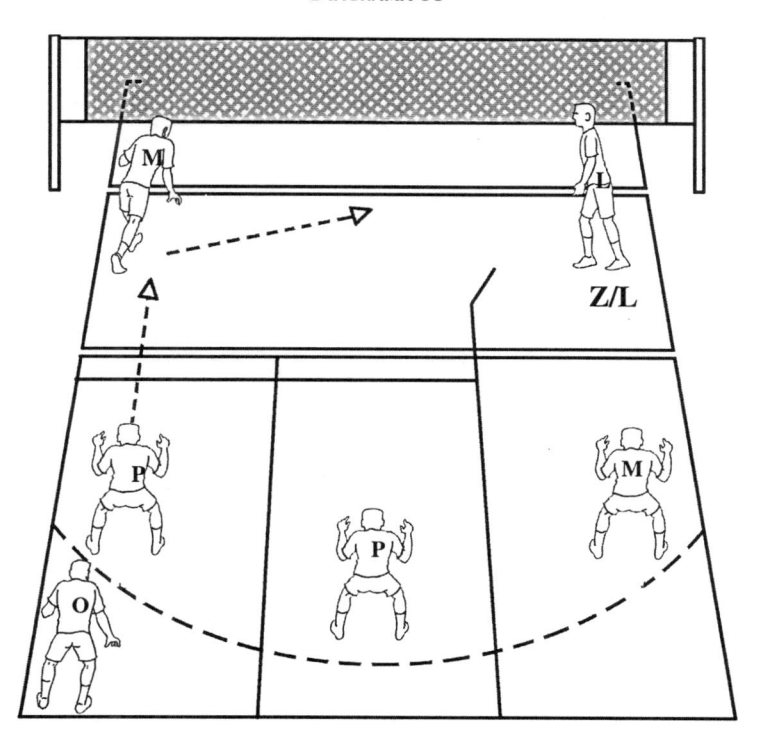

DIAGRAMA 89

64

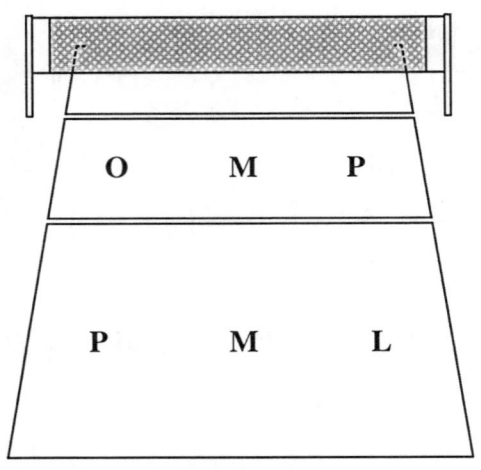

| O | M | P |

| P | M | L |

Diagrama 90

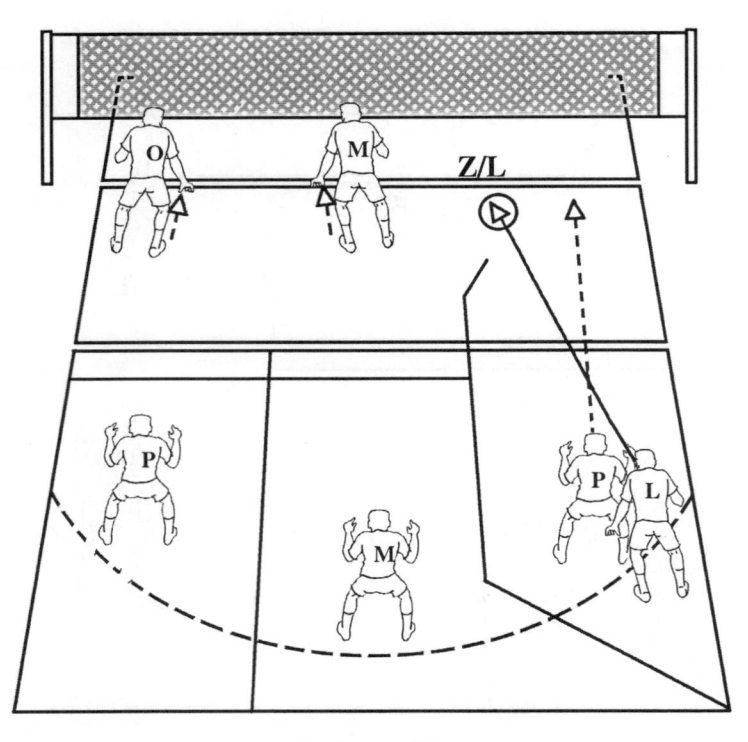

Z/L

Diagrama 91

65

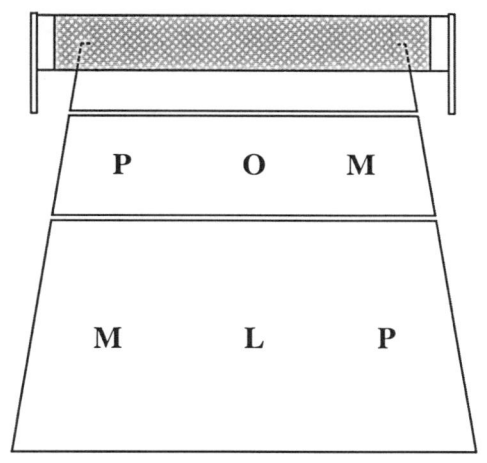

DIAGRAMA 92

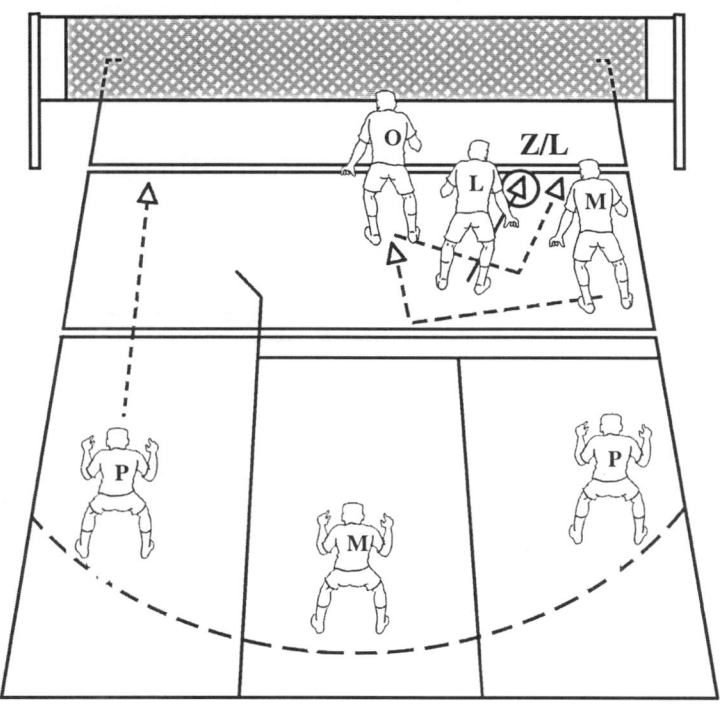

DIAGRAMA 93

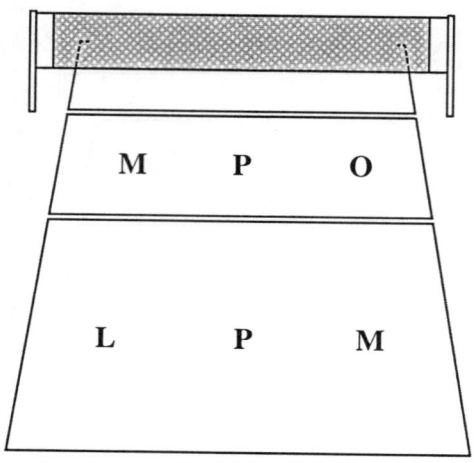

DIAGRAMA 94

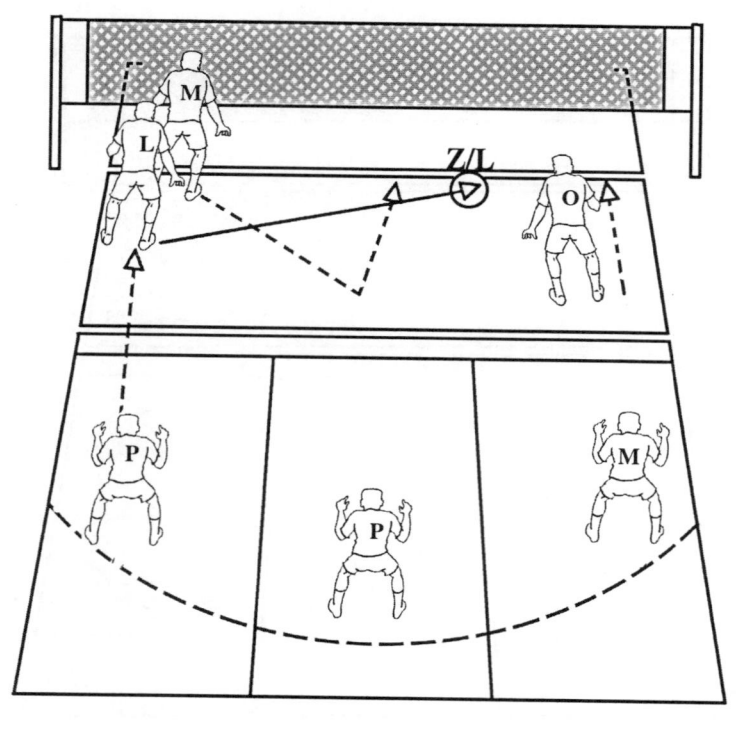

DIAGRAMA 95

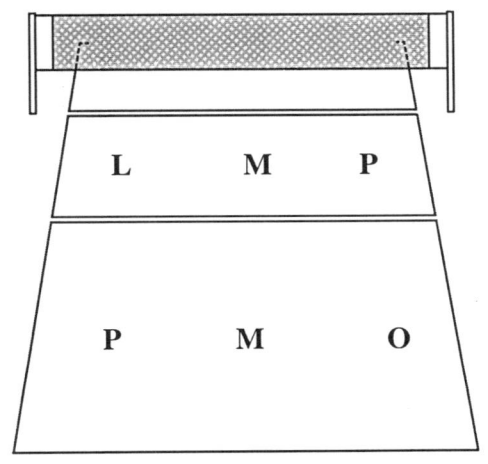

DIAGRAMA 96

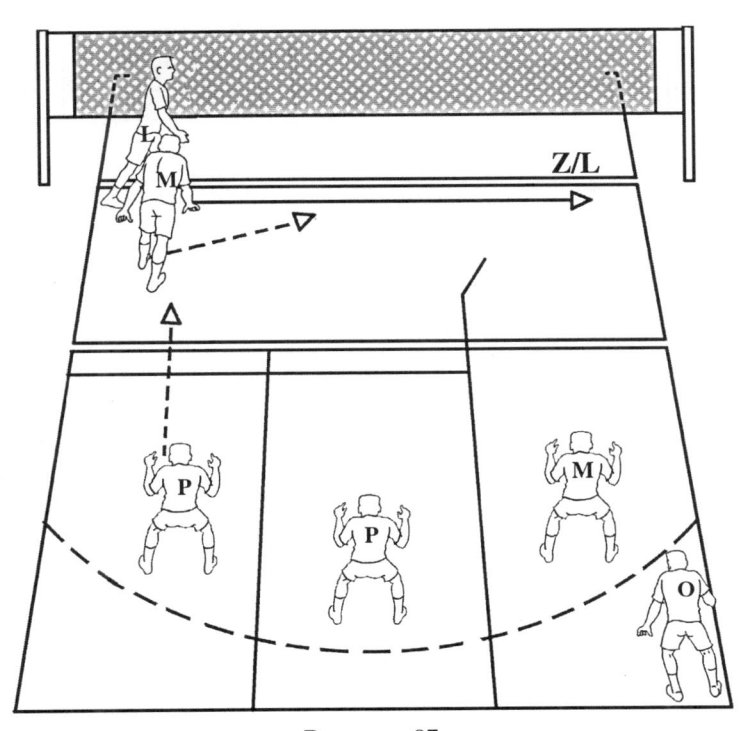

DIAGRAMA 97

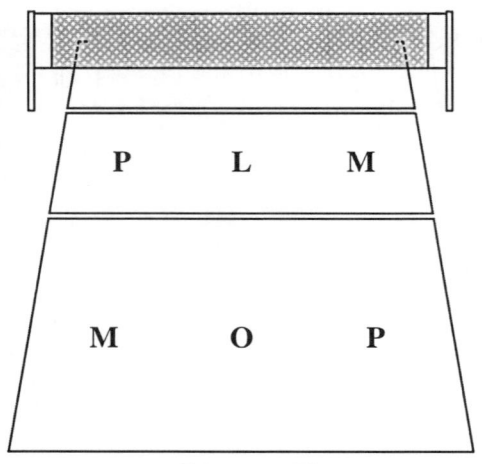

DIAGRAMA 98

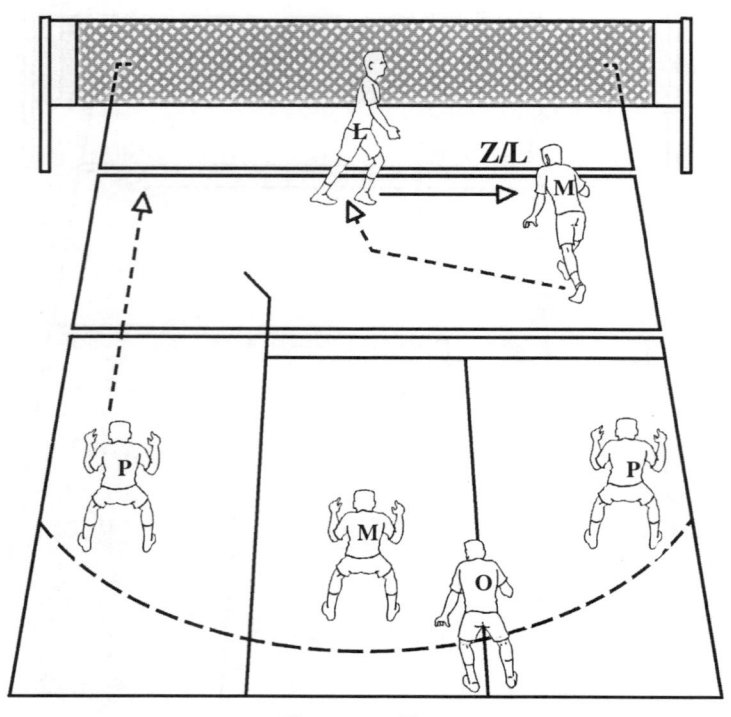

DIAGRAMA 99

5. Recepção com "2"

O Sistema de Recepção com a pré-divisão de responsabilidades de apenas dois receptores é o mais utilizado, principalmente nas equipes masculinas do alto nível competitivo. Sua evolução e utilização vêm favorecer e fortalecer principalmente o Sistema de Ataque, propiciando que um número maior de atacantes estejam livres e preocupem-se especificamente em defini-los.

Comumente, são utilizados os mesmos dois receptores dentro do rodízio, e esta responsabilidade atualmente está a cargo dos pontas. Os ponteiros, salvo as características individuais e táticas da equipe, atacam uma bola de Levantamento Alto (ver Capítulo de Sistema de Ataque), fazendo com que possam ter mais tempo para se deslocar e se posicionar para definir seus ataques. Pode ocorrer também um rodízio entre três receptores nesta função.

Com o advento da função do líbero houve um fortalecimento maior neste posicionamento devido à especialidade deste jogador, que participa com os ponteiros neste rodízio.

Essa maior especialização de somente dois receptores, favorece também o planejamento e divisão dos treinamentos, neste e em outros fundamentos.

Nos diagramas a seguir, os ponteiros são os responsáveis pela recepção, e a disposição dos receptores encontra um maior equilíbrio no posicionamento paralelo ou linha reta. Desenvolvendo o processo inicial, os meios de rede e o oposto ficam "escondidos", para que somente se preocupem com seus ataques. Deve-se ter uma atenção maior no 1ºR e 4ºR, com relação à disposição dos ponteiros, para não infringir a Regra de Posicionamento, pois um ponteiro está na P3 e o outro na P6. Nessa disposição, o ponteiro da P3 deve ficar ligeiramente à frente do da P6, como designa a regra (ver em Os Sistemas, Capítulo 1).

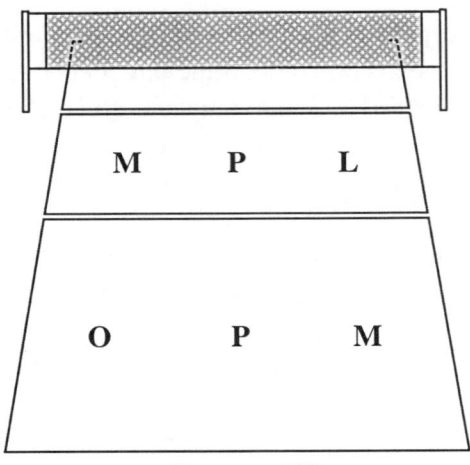

DIAGRAMA 100

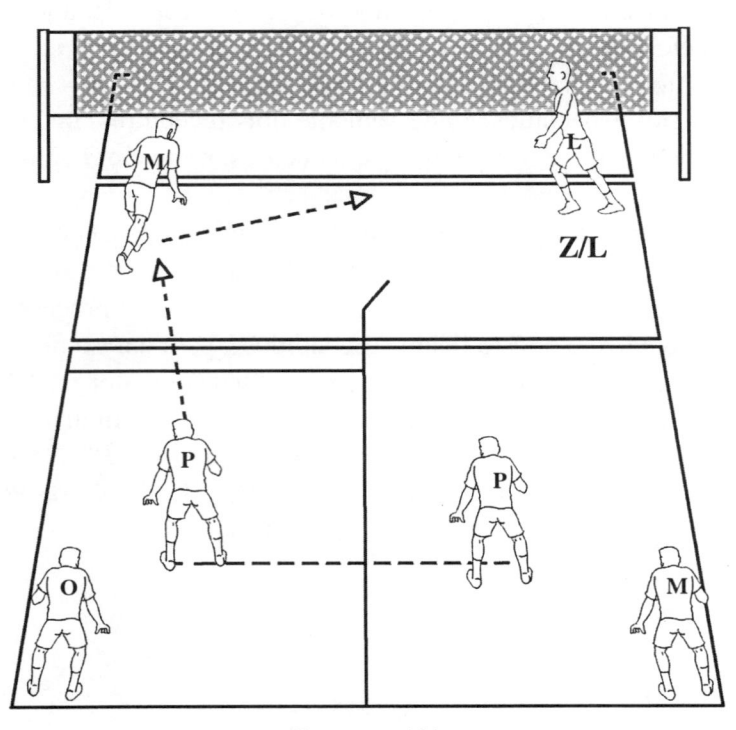

DIAGRAMA 101

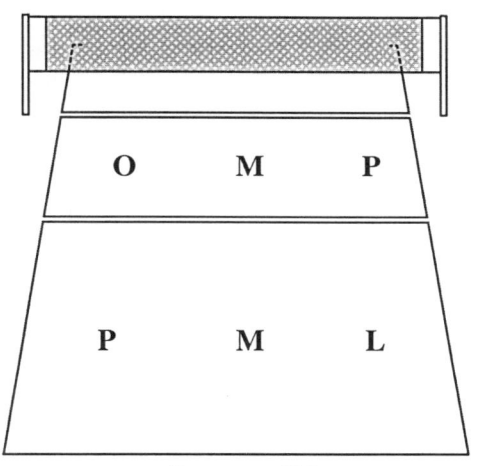

DIAGRAMA 102

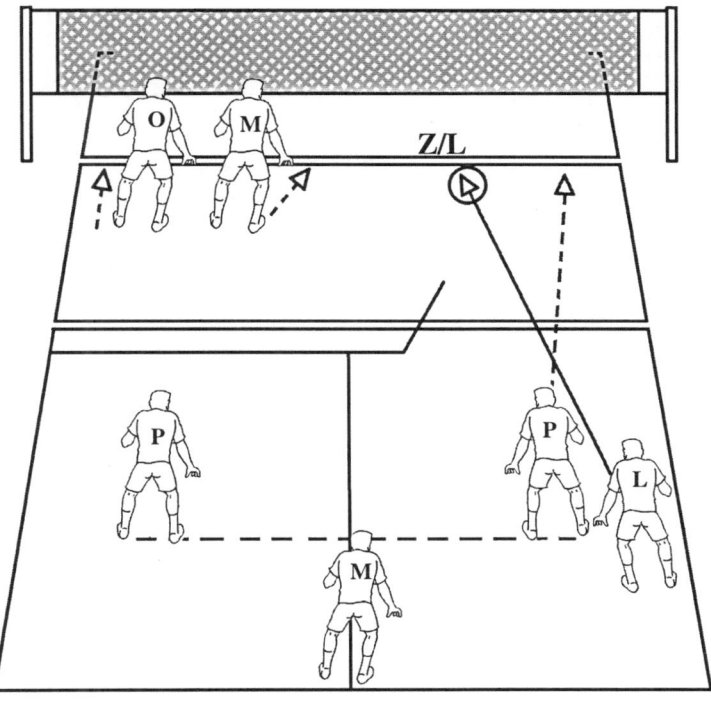

DIAGRAMA 103

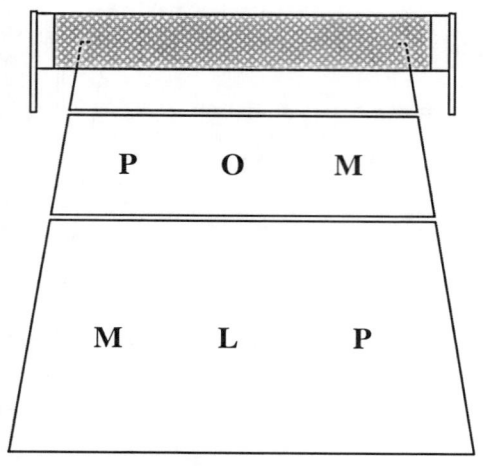

DIAGRAMA 104

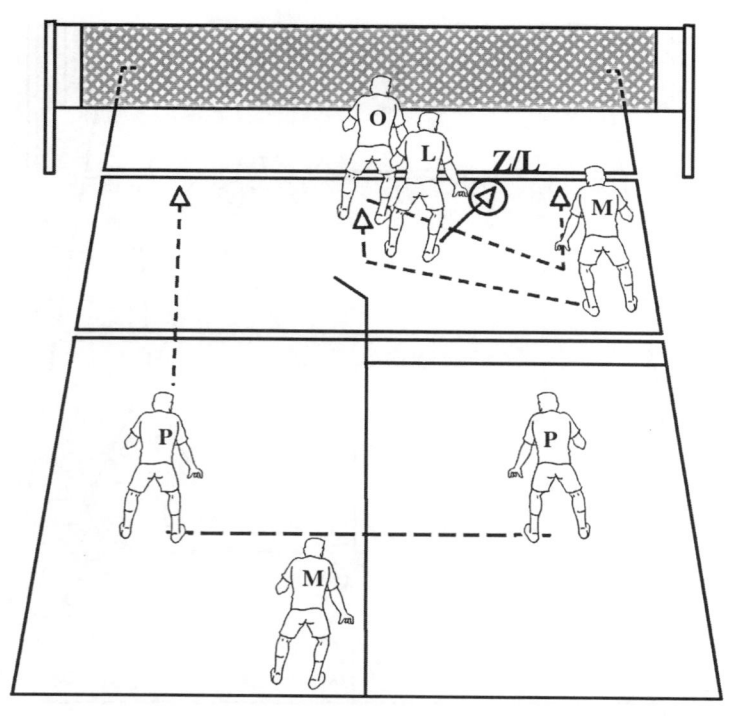

DIAGRAMA 105

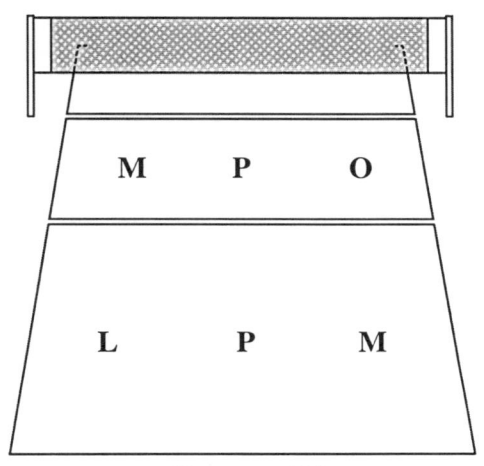

Diagrama 106

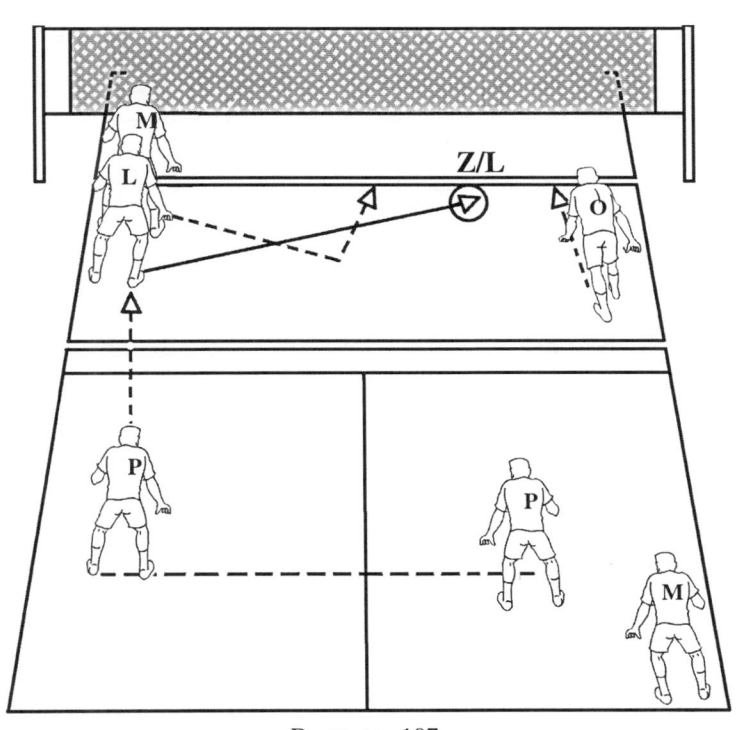

Diagrama 107

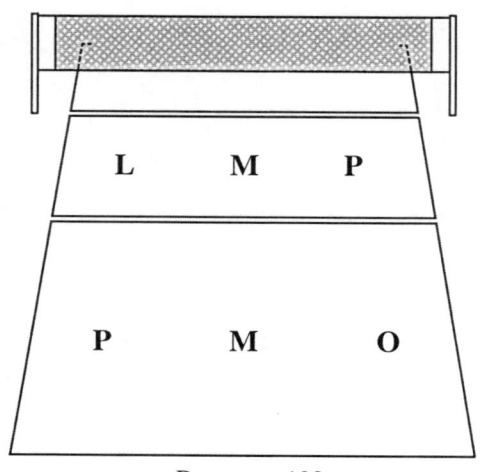

DIAGRAMA 108

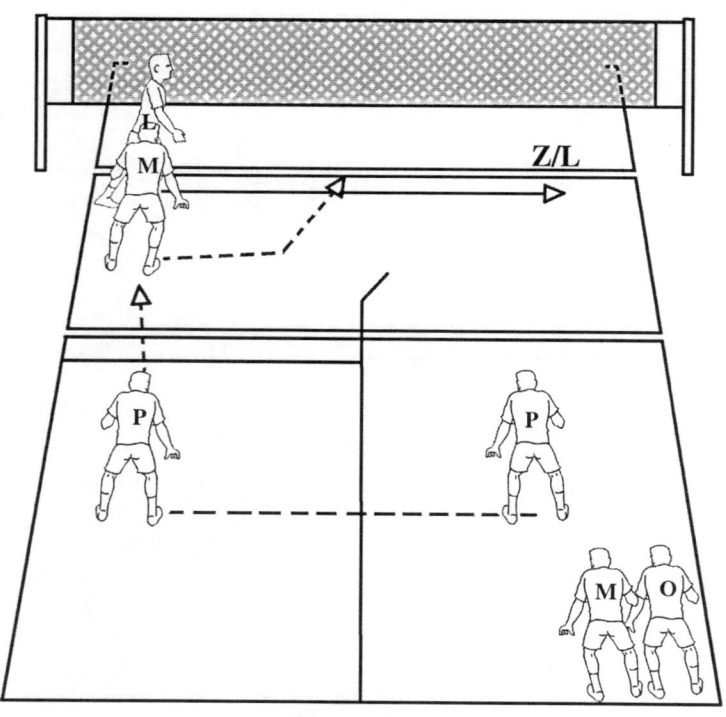

DIAGRAMA 109

P   L   M

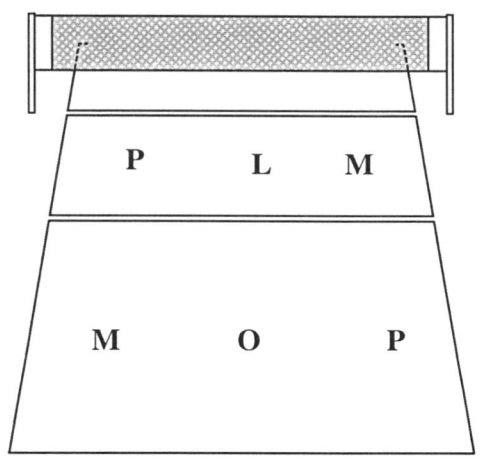

M   O   P

Diagrama 110

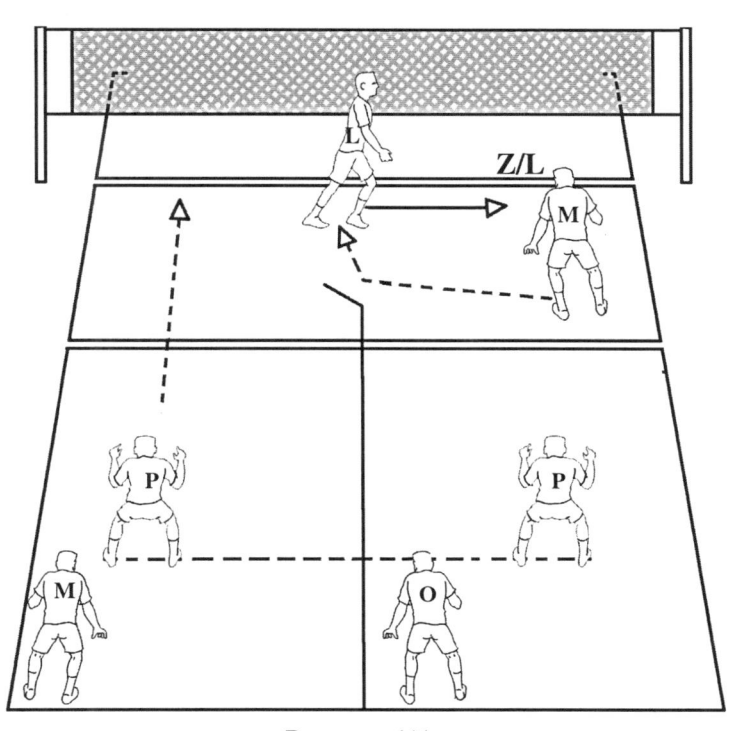

Z/L
L
M
P   P
M   O

Diagrama 111

capítulo 3
SISTEMA DEFENSIVO

1. Relação bloqueio/defesa

Por meio da associação e integração do posicionamento dos jogadores do bloqueio e defesa, forma-se o Sistema Defensivo. O objetivo do Sistema Defensivo é o de buscar ações e posicionamentos que possam neutralizar ou minimizar as ações do Sistema de Ataque da equipe adversária, seja por meio do bloqueio e/ou a defesa, recuperando a posse de bola com a melhor qualidade possível, podendo dessa forma desenvolver com maior eficácia a armação tática do "Contra-Ataque", empreendendo a definição do *rally* a seu favor. Para que se possa obter maior êxito neste objetivo, se faz imprescindível que haja uma contínua e extensa comunicação entre os jogadores do bloqueio e da defesa, aliada à sincronização e entrosamento das combinações táticas previamente exercitadas.

O posicionamento dos jogadores dentro do Sistema Defensivo é caracterizado pelo seu Posicionamento Final (PF) dentro do *rally*, onde cada um ocupa sua Posição de Especialização, podendo dessa forma utilizar sua melhor qualidade técnica e tática. Esse processo ocorre de duas formas: a primeira quando a equipe está com a posse de bola, tendo o saque a favor, podendo assim antecipar este posicionamento no rodízio; e a segunda ocorre no saque adversário e dentro do *rally*, à ocasião em que a definição do ataque acabou sendo recuperada pela equipe adversária, havendo a necessidade de realizar as trocas para as Posições de Especialização, para que se possa tentar recuperar a bola e marcar o ponto dentro do Sistema Defensivo. Nessa segunda situação, por vezes, em virtude da rapidez das situações de jogo, pode ocorrer que um ou outro jogador não consiga realizar as trocas, devendo então permanecer nas respectivas posições em que estão, para não prejudicarem o Sistema.

1.1. Posição Inicial Defensiva

A Posição Inicial Defensiva está relacionada com a combinação da disposição dos jogadores do bloqueio e da defesa, de acordo com as características técnicas e táticas do Sistema de Ataque adversário em cada um de seus rodízios.

A disposição dos jogadores do bloqueio pode ser feita por meio do "Bloqueio Aberto" e do "Bloqueio Fechado", além da combinação entre ambos, em que cada um é responsável por determinada área de incidência do ataque adversário, sendo denominada de "Zona de Responsabilidade".

Didaticamente, e salvo as características técnicas e táticas de cada equipe, a disposição da utilização do "Bloqueio Aberto" posiciona os bloqueadores da P2 e P4 mais próximos da antena e está vinculada a equipes que atuam principalmente com ataques pela extremidade da rede (Diagrama 112); enquanto que no "Bloqueio Fechado" os bloqueadores estão posicionados mais para o centro da quadra e este é mais apropriado contra as equipes que se utilizam de um maior número de jogadas por este setor (Diagrama 113). Um exemplo simples, que caracteriza a combinação dos dois tipos de posicionamentos, ocorre quando no rodízio adversário o levantador se encontra na rede, tendo "teoricamente" dois atacantes. Dessa forma, o bloqueador da P4 posiciona-se mais ao centro da quadra, para auxiliar o bloqueador P3 nas jogadas pelo meio de rede, enquanto o bloqueador da P2 permanece mais próximo da antena na marcação ao atacante da ponta (Diagrama 114).

Por exemplo, salvo as características da equipe e do Sistema de Ataque adversário, pode-se deixar que o bloqueador da P3 "marque mais de perto" o atacante de meio adversário, e que o bloqueador da P3, primeiro se preocupe em "chegar" para auxiliar o bloqueador da P2 a marcar o atacante da P4 adversária, posicionando-se mais à direita do centro da quadra. Mas tudo dependerá, como expus, das armações táticas de cada equipe e também do tipo de bola enviada para o levantador, já que, estando na rede poderá atacar, utilizando-se da cortada, ou da largada, que normalmente é uma especialidade dos levantadores.

Diagrama 112

Diagrama 113

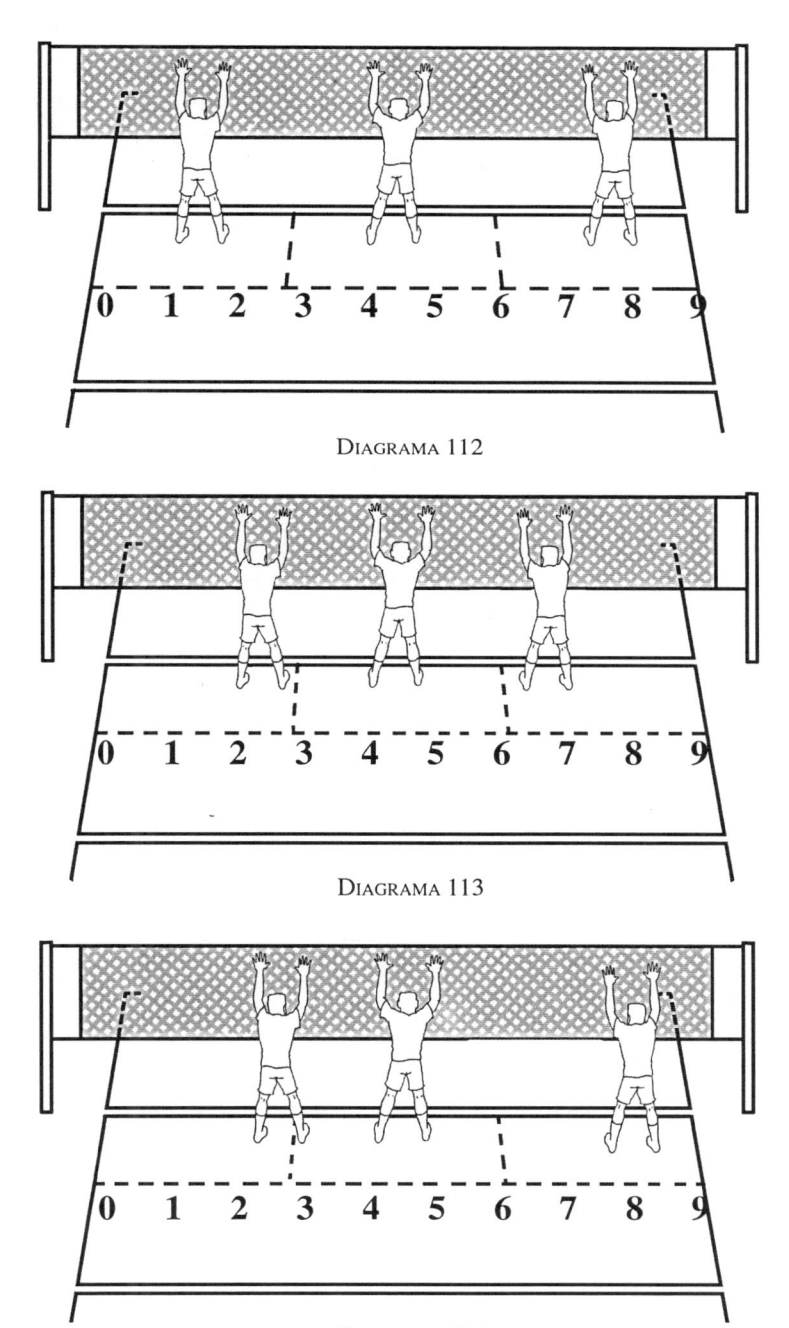

Diagrama 114

A movimentação do bloqueio é que orienta e oferece maior eficácia ao posicionamento dos defensores e ao próprio Sistema Defensivo. Os bloqueadores têm também a função de realizar marcações individuais e coletivas sobre o Sistema de Ataque adversário. A marcação individual é feita por meio da escolha de qual setor o bloqueio tentará "inibir" o ataque adversário, se na paralela ou na diagonal, se este bloqueio será ofensivo ou defensivo. A marcação coletiva consiste na atuação conjunta dos bloqueadores, que pode ocorrer de quatro formas:

1. **Sem Bloqueio;**
2. **Bloqueio Simples;**
3. **Bloqueio Duplo; e**
4. **Bloqueio Triplo.**

Dessa forma, o bloqueio tem como maior responsabilidade, a de cobrir determinadas áreas da quadra onde o ataque adversário seja mais potente, ficando sob a responsabilidade da defesa os ataques dirigidos fora da marcação do bloqueio, bolas largadas e outras que tocam no bloqueio e dirigem-se para fora da quadra. Por vezes, em decorrência do maior êxito do ataque adversário, acabam "sobrando" para a defesa as bolas que teoricamente seriam de responsabilidade do bloqueio. A partir da marcação individual e coletiva do bloqueio sobre o Sistema de Ataque adversário é que vão ocorrer as orientações ao melhor posicionamento e a distribuição dos defensores.

A marcação coletiva do bloqueio, seja ele simples, duplo ou triplo, acaba imaginariamente, formando a chamada "sombra" do bloqueio (Diagrama 115), designado como o local em que o bloqueio "fechou" o espaço de ação do atacante. A disposição da ocupação dos defensores na quadra divide-se nas áreas de responsabilidade, onde o bloqueio não possa estar cobrindo, posicionando-se, então, fora da "sombra" do bloqueio.

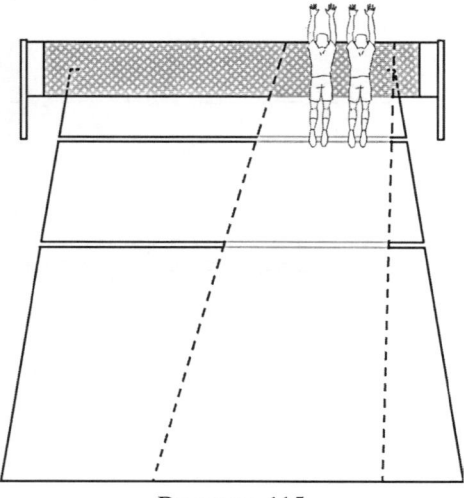

Diagrama 115

A harmonia do posicionamento entre os bloqueadores e os defensores é que define a Posição Inicial Defensiva, e existem duas variações da Formação Inicial relacionadas ao posicionamento dos defensores que originam outras formações:
   1. **Pivô Defensivo Avançado** - O defensor da P6 posiciona-se próximo à linha de 3 metros (Diagrama 116).
   2. **Pivô Defensivo Recuado** - O defensor da P6 posiciona-se próximo à linha de fundo (Diagrama 117).

Atualmente as variações defensivas com a utilização do Pivô Avançado deixaram de ser utilizadas por não se apresentarem totalmente completas em relação ao Pivô Recuado. Neste capítulo, veremos com maior especialidade as formações que envolvem o Pivô Recuado, merecido por ser mais eficiente, e amplamente utilizado no Voleibol mundial.

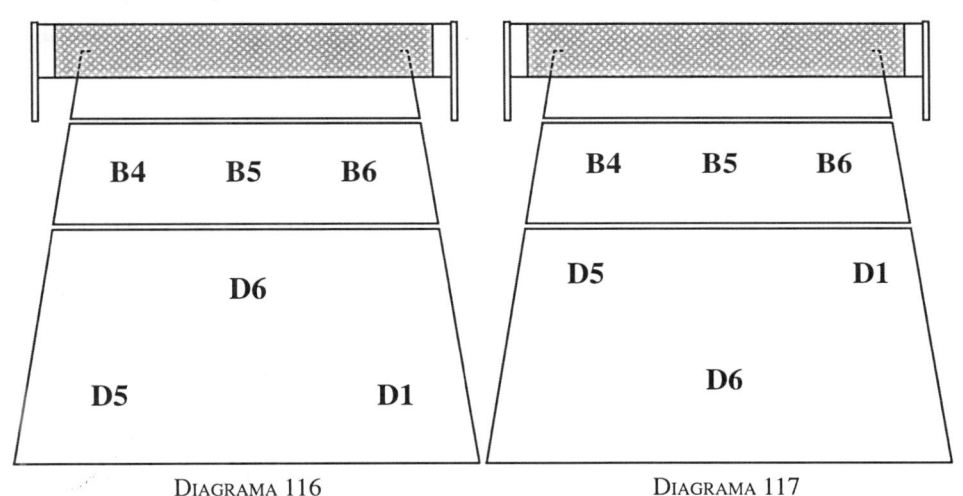

Diagrama 116

Diagrama 117

Entre as outras variações que se originam da Posição Inicial Defensiva (Diagramas 117 e 118), vamos avaliar mais detalhadamente, à frente, as duas mais utilizadas, com o Pivô Recuado:
   1. **Semicírculo** - Mais utilizada em equipes masculinas; e
   2. **Quadrado** - Mais utilizada em equipes femininas.

Os defensores devem sempre antecipar seus posicionamentos na defesa em relação ao ataque adversário, movimentando-se de acordo com o local para onde dirigiu-se o levantamento, em comunhão com o deslocamento dos bloqueadores e a tática utilizada, mas devem sempre procurar adaptar-se ao Sistema de Ataque adversário, não se prendendo somente às combinações defensivas.

As ações do Sistema Defensivo são individuais, mas com eficácia coletiva, por isso a necessidade de intenso treinamento e comunicação para se tentarem cobrir as áreas de ações do Sistema de Ataque adversário.

2. Semicírculo

É o mais utilizado na categoria masculina, por cobrir mais amplamente as áreas vulneráveis dos potentes ataques que ocorrem, e devido ao fato de que, como a altura final de alcance do bloqueio é bastante alta na categoria, este posicionamento favorece a chegada para a recuperação das bolas largadas, mesmo com um posicionamento recuado dos defensores e sem a cobertura antecipada das áreas vulneráveis. A terminologia *semicírculo* dá-se pelo posicionamento de seus defensores, que, dispostos na quadra, imaginariamente formam esta figura geométrica.

2.1. Sem Bloqueio

Apesar de parecer bastante simples, a utilização da armação tática "Sem Bloqueio" requer bastante sincronismo e coordenação perfeita entre defensores e bloqueadores, pois aumentam-se as Zonas de Responsabilidades Defensivas.

A ocorrência dessa formação ocorre normalmente quando a bola enviada pelo adversário vem "de graça"; em um ataque longe da rede, à "meia força" ou quando o levantador adversário "fintou" os bloqueadores, deixando seu atacante sozinho, e nesse caso, dificilmente a defesa consegue êxito em defender a bola. Como exemplo prático, vamos utilizar a bola vindo "de graça" da quadra adversária, em que normalmente o levantador tem mais tempo para antecipar sua Infiltração. Se o ataque é realizado pela P4 do adversário, estando o levantador na sua PF, a P1, para facilitar e preparar com maior eficiência o contra-ataque, deve se antecipar e realizar a Infiltração, deixando para o defensor da P4 o auxílio aos defensores da P5 e P6, e o defensor da P6 desloca-se imediatamente à direita, cobrindo o espaço deixado pelo levantador (Diagrama 118). Caso o ataque seja efetuado pela P2 adversária, o levantador infiltra, deixando para o defensor da P2 o auxílio aos defensores da P5 e P6 (Diagrama 119). O ataque pela P3 é mais difícil de ocorrer nestas situações, se forem utilizados Levantamentos Baixos (ver Capítulo Sistema de Ataque), pois obriga o bloqueio a saltar junto, mas pode ocorrer, caso verificado em equipes iniciantes ou amadoras que se utilizam de um Levantamento Médio (ver Capítulo Sistema de Ataque), e também nas bolas atacadas pela P6 adversária. Nesta situação, como o atacante da ponta "tem mais tempo" em se posicionar para definir o ataque, fica sendo ele o responsável em compor com os defensores das P5 e P6 a formação defensiva (diagrama 120). Os bloqueadores mais próximos da jogada devem afastar-se ligeiramente para a recuperação de bolas largadas próximas à sua direção nos exemplos citados. Outras táticas defensivas podem ser utilizadas dependendo de cada equipe, a qual pode ser considerada básica nesta situação.

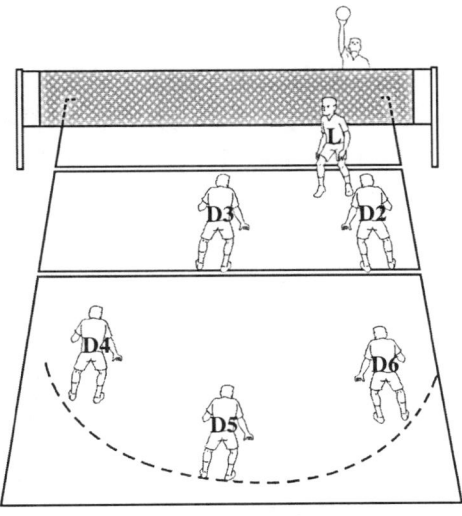

DIAGRAMA 118

O ataque adversário longe da rede ou à "meia força", na situação em que o levantador não tenha tempo de antecipar sua Infiltração, faz com que ele componha com defensores da P5 e P6 a armação defensiva em quaisquer posições em que seja desferido o ataque adversário.

Quando o levantador encontra-se na Z/O, os defensores da P1, P6 e P5 realizam o semicírculo, ficando os defensores das P3 e P4 responsáveis pelas bolas curtas próximas à rede. O Diagrama 121 representa esta ação, salvo as adaptações de posicionamento dos defensores nos ataques na P2 e P4 adversária.

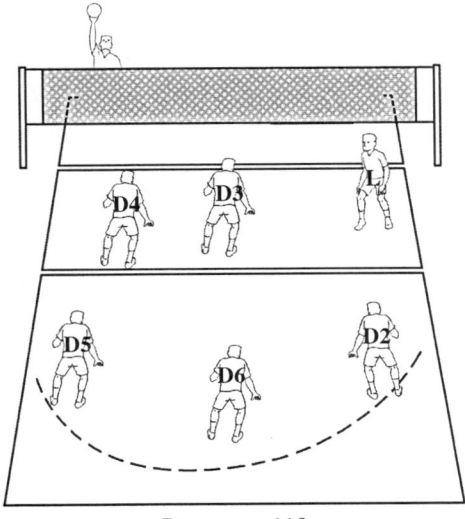

DIAGRAMA 119

O posicionamento destes jogadores na área defensiva assemelha-se a um semicírculo, favorecendo a cobertura das divisões de responsabilidade. Nesta situação da armação defensiva "Sem Bloqueio", os jogadores que não realizaram o bloqueio afastam-se e viram defensores, responsáveis pelo ataque de uma bola mais curta ou uma "largada".

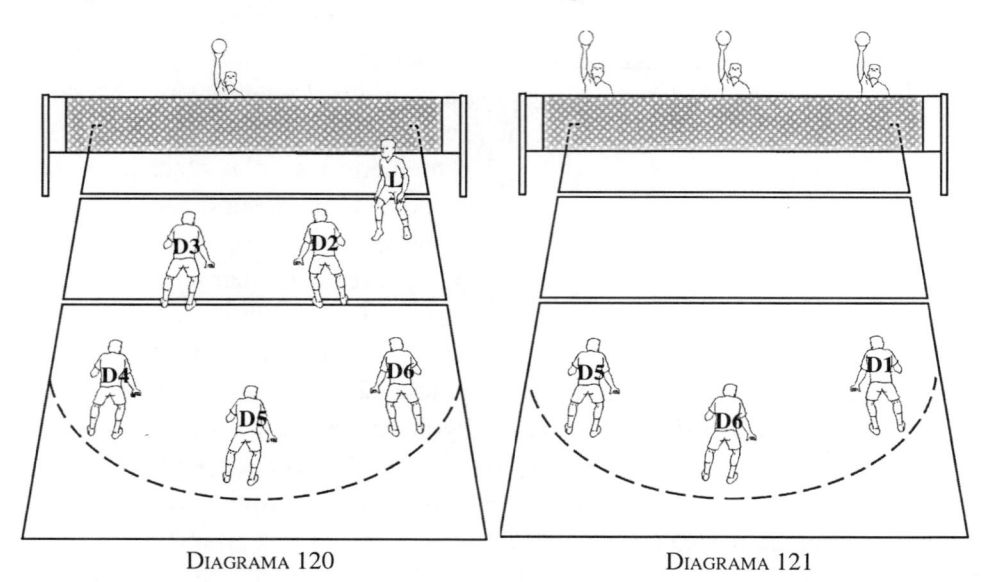

Diagrama 120   Diagrama 121

2.2. Bloqueio Individual

A formação do semicírculo com Bloqueio Individual ou Simples é utilizada dentro do processo de iniciação, ou quando os jogadores não conseguiram executar o Bloqueio Duplo, o que vem dificultar a armação defensiva e a ação dos defensores, que devem rapidamente se deslocar e cobrir as áreas vulneráveis que o jogador deixou, por não conseguir compor o bloqueio duplo. Na iniciação se obtêm melhores resultados, pois os defensores se antecipam para cobrir a área defensiva, e como ainda "engatinham" no fundamento ataque, a potência é menor, facilitando que ocorram mais defesas.

As Zonas de Responsabilidades Defensivas têm posicionamentos claros, com reserva ao defensor da P6 (D6), que, quando o ataque adversário é proveniente de qualquer posição adversária, tem liberdade de posicionar-se na sombra do bloqueio ou de "flutuar" pela Zona Defensiva, indo auxiliar na defesa do ataque, na paralela ou diagonal. Esta adaptação pode acontecer devido à visualização do defensor em relação ao local onde o adversário irá finalizar seu ataque ou por uma opção tática defensiva (Diagramas 122, 123 e 124). Os outros jogadores da Z/O automaticamente se posicionam como defensores (D).

Com o ataque vindo da P4 adversária, o jogador da P2 será o bloqueador (B2) e as áreas de responsabilidade na 1ª ação defensiva estariam assim compostas (Diagrama 122):

- **Posição 1(D1)** - Responsável pelo ataque na paralela, pelas largadas e as bolas que resvalam no bloqueio e dirigem-se à direita em sua direção. Dependendo da marcação individual do bloqueador, poderá estar avançado ou recuado na defesa.
- **Posição 3 (D3)** - Responsável pelas bolas largadas ou que resvalam no bloqueio e ficam próximas à Zona de Ataque.
- **Posição 4(D4)** - Responsável pelo ataque na diagonal menor e as bolas que resvalam no bloqueio e vão em sua direção.
- **Posição 5 (D5)**- Responsável pelo ataque na diagonal maior e pelas bolas que resvalam no bloqueio e vão para a esquerda, principalmente as mais longas.
- **Posição 6 (D6)** - Se flutuou para a esquerda, é responsável em auxiliar a defesa da diagonal maior, mais ao fundo. Se flutuou para a direita, fica responsável pela paralela ao fundo. Em ambos os casos e se ficou posicionado na "sombra" do bloqueio, é também responsável pelas bolas que resvalam no bloqueio e dirigem-se para o fundo da quadra.

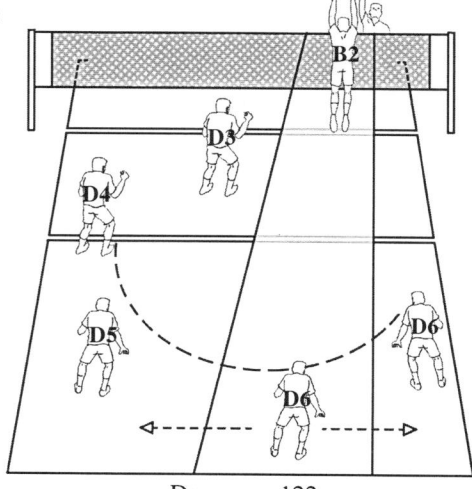

Diagrama 122

Com o ataque originário da P2 adversária, apenas inverter-se-iam os posicionamentos e as Zonas de Responsabilidades Defensivas (diagrama 123). O ataque da P3 adversária sofre algumas modificações dependendo do local de onde se finaliza a jogada em junção ao posicionamento do bloqueio, sofrendo variações, principalmente com o jogador da P6, que pode flutuar para diagonal esquerda ou direita, ou ainda aguardar, no fundo da quadra, as bolas que resvalam no bloqueio e vão em sua direção (Diagrama 124).

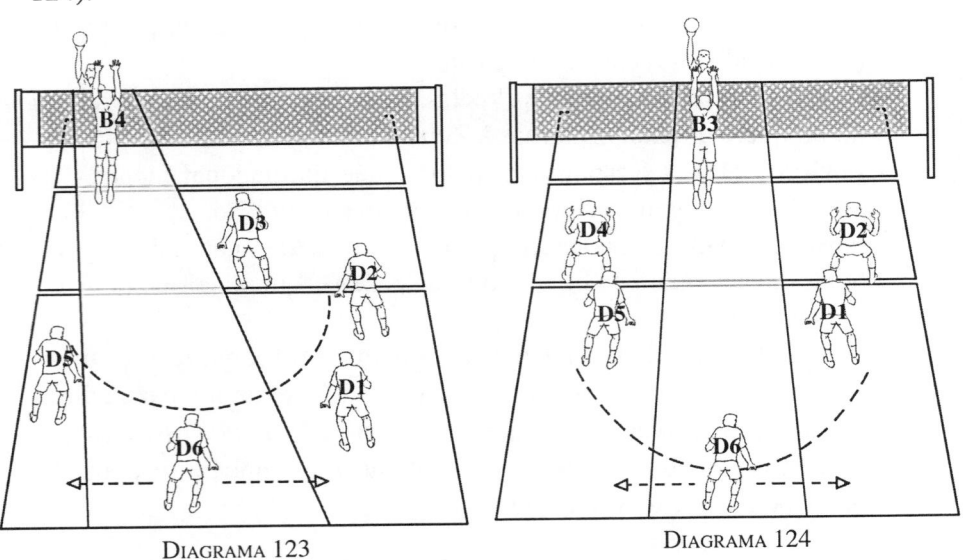

Diagrama 123

Diagrama 124

2.3. Bloqueio Duplo

No Voleibol de alto nível competitivo busca-se, no mínimo, a formação de bloqueio duplo, para que a "sombra" do bloqueio seja mais ampla, diminuindo-se então o campo das áreas de responsabilidade, promovendo assim a possibilidade maior de ações defensivas. A caracterização do semicírculo fica de melhor visualização e o atacante da Z/O que não participa do bloqueio vira um defensor dentro da sua área de responsabilidade.

Com o ataque pela P4 do adversário, os jogadores da P2 e P3 serão os bloqueadores (B2 e B3). Vejamos, então, como se definem as Zonas de Responsabilidades Defensivas (Diagrama 125):

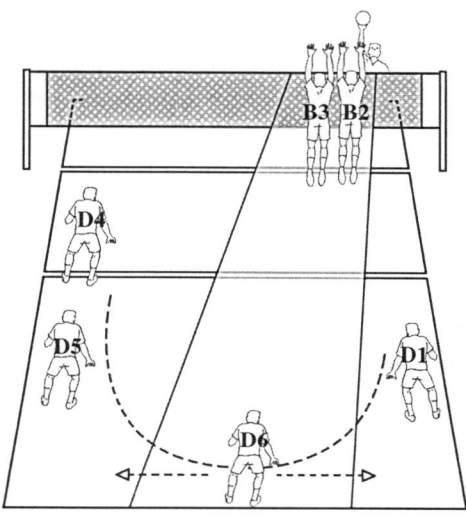

DIAGRAMA 125

Posição 1 (D1) - Responsável pela defesa na paralela, posicionando-se entre a antena e o braço direito do bloqueador da P2; as bolas largadas na paralela e as que resvalam no bloqueio e vão em sua direção são de sua responsabilidade.

Posição 4 (D4) - Responsável pela defesa dos ataques na diagonal menor, as largadas na P3 e P4, e as bolas que tocam no bloqueio e vão para a esquerda em sua direção.

Posição 5 (D5) - Responsável em defender os ataques na diagonal maior, as bolas que batem no bloqueio e dirigem-se em sua direção, devendo posicionar-se à esquerda do bloqueador da P3.

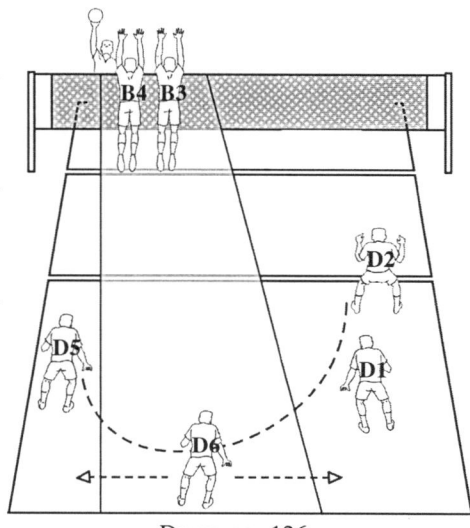

DIAGRAMA 126

Posição 6 (D6) - Responsável pelas bolas que se desviam do bloqueio e vão para o fundo da quadra, pela defesa das bolas atacadas no "buraco", entre os braços dos bloqueadores das P3 e P2, podendo ficar na "sombra do bloqueio" ou "flutuar" um pouco mais à esquerda do bloqueador da P3 na diagonal mais longa ou mais à direita do bloqueador da P2, na paralela mais longa.

O ataque, vindo da P2 adversário (Diagrama 126), tem a inversão dos posicionamentos citados. Com o ataque pela P3 adversária (Diagrama 127), quem efetuar o bloqueio juntamente com o bloqueador da P3, dependerá de uma ordem tática, conseqüentemente, o bloqueador a compor o duplo pode ser tanto o jogador da P2 ou da P4, variando assim o posicionamento do jogador que não participou do bloqueio e se posiciona para a defesa, e o defensor da P6, que acaba "flutuando" na Zona Defensiva.

Nos rodízios em que o levantador adversário se encontra na rede, havendo assim dois atacantes na Z/O, a responsabilidade em compor o bloqueio duplo estaria a cargo do bloqueador da P4, que se posicionaria mais ao centro da quadra marcando a largada do levantador e auxiliando B3 a marcar o atacante de meio adversário. Na rede com três atacantes adversários, há necessidade de avaliar o Sistema de Ataque do adversário e definir a tática, mas basicamente o bloqueador da P4 é o mais indicado, pois para bloquear o atacante da P2 teria que percorrer uma distância menor com relação ao bloqueador da P2, que bloqueará o atacante da P4.

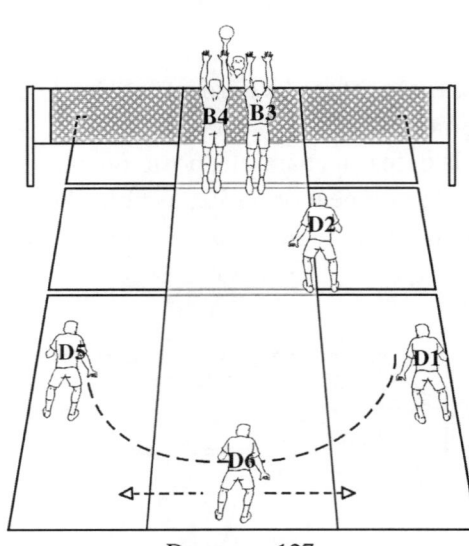

DIAGRAMA 127

Outra questão a ser avaliada refere-se à marcação do bloqueio, se diagonal ou paralela, que posiciona os defensores de uma maneira um pouco diferente da habitual, definindo principalmente o posicionamento do defensor da P6, relacionado ao ataque vindo de qualquer posição adversária.

2.4. Bloqueio Triplo

A formação do semicírculo com Bloqueio Triplo é regularmente utilizada, principalmente nos Levantamentos Altos na P4, nos Levantamentos Médios com ataque pelo fundo da quadra, nas P6 e P1, e nas Jogadas Combinadas (ver no Capítulo de Sistema de Ataque), sobretudo quando estes levantamentos estão "cantados". A atuação do Bloqueio Triplo exige bastante sincronismo, coordenação e "tempo de bola" por parte dos bloqueadores, aliados à percepção e comunicação dos defensores para se posicionar nas áreas onde a sombra do bloqueio não atinge.

Com o ataque proveniente da P4 adversária, o bloqueio é composto pelos jogadores da P2, P3 e P4 (B2, B3 e B4). Assim, teremos as seguintes Zonas de Responsabilidades Defensivas (Diagrama 128):

- **Posição 1 (D1)** - Responsável pela defesa dos ataques na paralela, pelas bolas largadas e pelas que rebatem no bloqueio e dirigem-se à direita em sua direção.
- **Posição 5 (D5)** - Responsável pela defesa dos ataques na diagonal maior ou menor – depende do local onde o bloqueio fechou –, pelas bolas largadas e pelas que rebatem no bloqueio e dirigem-se à esquerda em sua direção, e ainda pelas bolas que passam no "buraco" da diagonal, entre os bloqueadores da P3 e P4 (B3 e B4).
- **Posição 6 (D6)** - Responsável pelas bolas que tocam no bloqueio e vão para o fundo da quadra, podendo ainda flutuar à direita ou à esquerda, caso existam "buracos" ou não no bloqueio.

Com o ataque proveniente da P2 do adversária, invertem-se os papéis dos defensores, tendo as mesmas responsabilidades defensivas, ou seja, a P1 corresponde à P5 anterior, a P5 corresponde à P1 anterior e a P6 mantém a responsabilidade defensiva (Diagrama 129).

O ataque pela P3 do adversário (Diagrama 130) muda a característica de defesa do jogador das posições 1 e 5, ficando da seguinte forma:

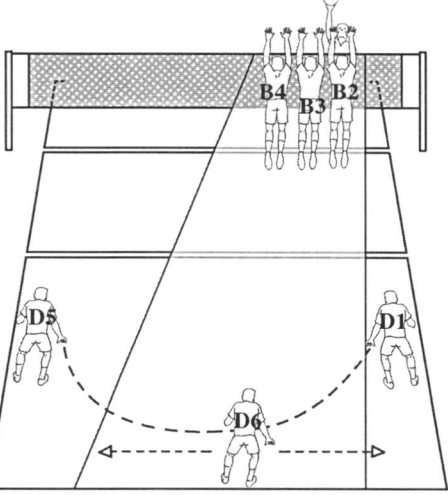

DIAGRAMA 128

- **Posição 1 (D1)** - Responsável pelos ataques dirigidos na diagonal direita dos bloqueadores, pelas bolas largadas e pelas que resvalam no bloqueio e dirigem-se à direita em sua direção.
- **Posição 5 (D5)** - Responsável pela defesa dos ataques na diagonal esquerda, pelas bolas largadas e pelas que resvalam no bloqueio e dirigem-se em sua direção.
- **Posição 6 (D6)** - Responsável pelas bolas que resvalam no bloqueio e dirigem-se para o fundo da quadra, pelos "buracos" no bloqueio, podendo "flutuar" à direita ou à esquerda.

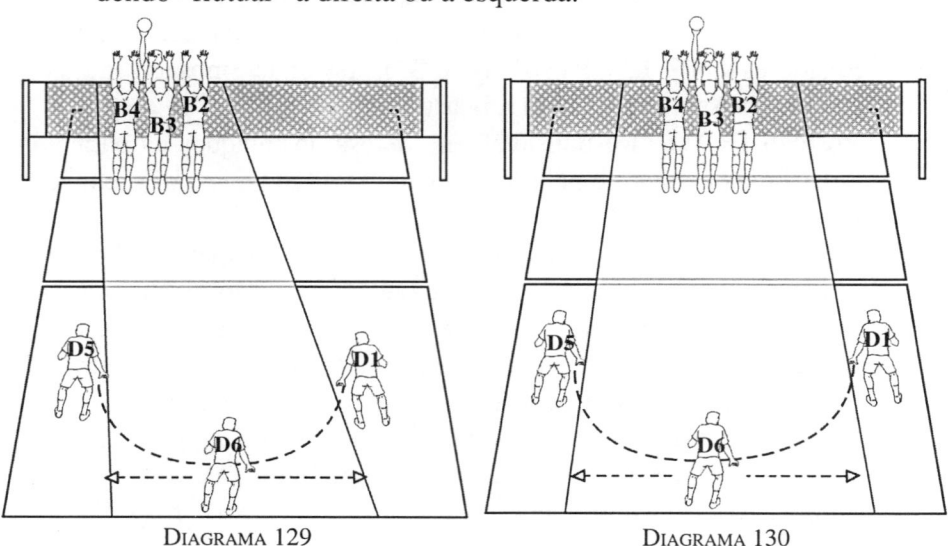

Diagrama 129

Diagrama 130

3. Quadrado

A variação da Formação Defensiva denominada "Quadrado" é bastante utilizada no Voleibol feminino, pois a altura da rede e o alcance final do bloqueio favorecem os ataques de bolas largadas, amplamente utilizados nesta categoria, vindo a dificultar a recuperação das bolas nas áreas vulneráveis. Aliado a este, o fato de não haver ataques tão potentes como no masculino, a utilização dessa Formação Defensiva favorece sobretudo a antecipação do posicionamento defensivo, cobrindo também as outras áreas de ação dos ataques em que a "sombra" do bloqueio esteja cobrindo, e é utilizada também quando os atacantes adversários estão em superioridade sobre os bloqueadores (que no feminino vem a ocorrer devido à velocidade e estilo das jogadas), proporcionando um maior número de defesas, e aumentando o volume de jogo da equipe. A terminologia *quadrado* dá-se em virtude do posicionamento dos defensores, que, dispostos em quadra, lembram imaginariamente esta figura geométrica.

Vejamos então as Zonas de Responsabilidades Defensivas com o ataque vindo pela P4 adversária (Diagrama 131), em que os jogadores da P2 e P3 (B2 e B3) são responsáveis por compor o bloqueio duplo:

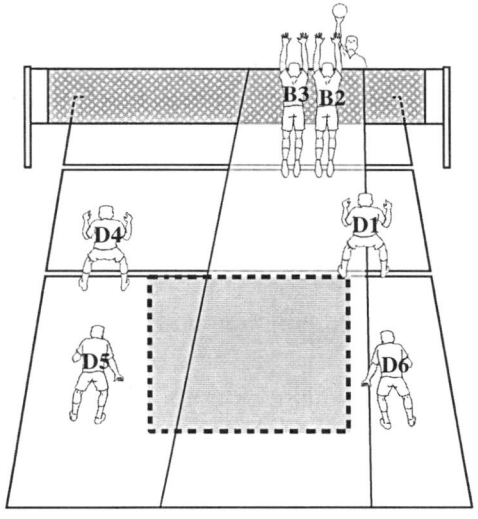

DIAGRAMA 131

- **Posição 1 (D1)** - Responsável pelo ataque da bola largada, logo atrás da "sombra" do bloqueio, pelas bolas que rebatem no bloqueio e ficam próximas à linha de 3 metros, em sua área de ação.
- **Posição 4 (D4)** - Responsável pela defesa dos ataques na diagonal menor, pelas bolas largadas em sua direção e pelas bolas que rebatem no bloqueio e se dirigem à esquerda, em sua área de ação.
- **Posição 5 (D5)** - Responsável pela defesa das bolas dirigidas para a diagonal maior, assim como pelas bolas que rebatem no bloqueio e dirigem-se à direita ou à esquerda em sua área de ação.
- **Posição 6 (D6)** - Responsável pelas bolas atacadas ou largadas na paralela, logo atrás do defensor da P1. As bolas que rebatem no bloqueio e vão para o fundo da quadra em sua direção são, igualmente, de sua responsabilidade.

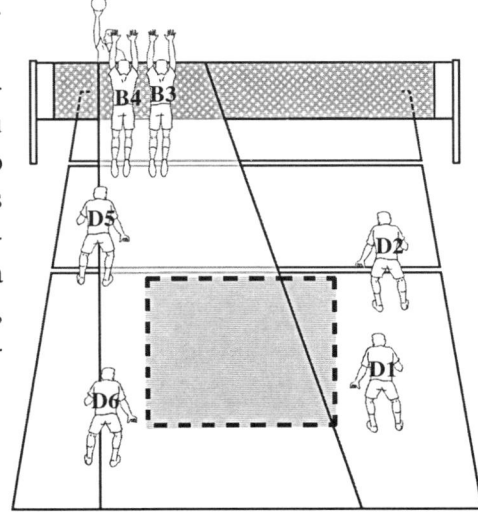

DIAGRAMA 132

Com o ataque proveniente da P2 adversária (Diagrama 132), ocorre a inversão destes posicionamentos, trocando-se os papéis, com os jogadores da P4 e P3 (B4 e B3) na ação do bloqueio. Vejamos:

- **Posição 1 (D1) -** Responsável pela defesa das bolas dirigidas para a diagonal maior, assim como pelas bolas que rebatem no bloqueio e dirigem-se à direita ou à esquerda em sua área de ação.
- **Posição 6 (D6) -** Responsável pelas bolas atacadas ou largadas na paralela, logo atrás do defensor da P1. As bolas que rebatem no bloqueio e vão para o fundo da quadra em sua direção são, igualmente, de sua responsabilidade.
- **Posição 2 (D2) -** Responsável pela defesa dos ataques na diagonal menor, pelas bolas largadas em sua direção e pelas bolas que rebatem no bloqueio e dirigem à direita em sua área de ação.
- **Posição 5 (D6) -** Responsável pelo ataque da bola largada, logo atrás da "sombra" do bloqueio, pelas bolas que rebatem no bloqueio e ficam próximo à linha de 3 metros, em sua área de ação.

capítulo 4
SISTEMA DE COBERTURA DE ATAQUE

1. Os tipos de cobertura

A formação do Sistema de Cobertura de Ataque tem como objetivo proteger e/ou recuperar os ataques da equipe de um possível bloqueio adversário, por meio de uma Zona de Responsabilidade predeterminada, intencionando a recuperação da bola, e reiniciando, então, um novo ataque. O que irá definir o próximo ataque dependerá de alguns fatores, como a qualidade com que a bola foi recuperada e, principalmente, a opção do levantador, levando-se em consideração o momento da partida e a Tática de Ataque adotada pela equipe.

O Sistema de Cobertura de Ataque pode ser assim dividido:
1. Cobertura de 1ª linha: Formada por 2 ou 3 jogadores responsáveis; e
2. Cobertura de 2ª linha: Formada por 2 ou 3 jogadores responsáveis.

Dessa forma, podemos defini-las como Sistema de Cobertura de Ataque 2X3 e 3X2. É importante destacar que o tipo de cobertura utilizado dependerá dos jogadores que compõem a Tática de Ataque da equipe em cada um dos rodízios, principalmente dos atacantes de fundo e do tipo de bloqueio adotado pelo adversário.

Basicamente, podemos definir a composição dos jogadores que são responsáveis pela Cobertura de 1ª linha, com os jogadores mais próximos ao atacante que irá definir o ataque. O atacante de meio (A3) como define uma bola de Levantamento Rápido (ver em Sistema de Ataque), e está entre os dois outros levantamentos, estará sempre envolvido na Cobertura da 1ª Linha, salvo algumas situações específicas que não o permitem chegar na cobertura devido à distribuição das jogadas por parte do levantador. A Cobertura de 2ª Linha é construída com os jogadores mais afastados do atacante a definir a jogada.

É importante registrar que os jogadores que construirão cada uma das linhas, nos dois tipos de cobertura, sofrem variações verificadas pela tática no Sistema de Ataque, com relação aos jogadores e as jogadas que são distribuídas, como os jogadores da Zona Defensiva, que atacam atrás da linha de três metros ou ainda um "Chute Meio" na P3 (ver Capítulo Sistema de Ataque em Jogadas Individuais). Vamos utilizar as seguintes Jogadas Individuais para a definição das coberturas: "Bola Alta" na P4, "Tempo Frente" na P3 e "Meia Bola" na P2 (ver Capítulo Sistema de Ataque em Jogadas Individuais). É relevante que sejam treinados os dois tipos de coberturas em cada um dos rodízios, com todas as Jogadas possíveis, sejam Individuais ou Combinadas (ver Capítulo Sistema de Ataque) e com os possíveis tipos de bloqueio com que se possa defrontar dentro da competição, para que a equipe possa responder prontamente às necessidades que se apresentarem.

No Sistema de Cobertura 3X2, habitualmente, o levantador compõe a 1ª Linha de Cobertura, para estar mais próximo da jogada e efetuar um novo levantamento, se ocorrer a recuperação da bola pela cobertura. Outra tática adotada, particularmente depois da inclusão do líbero, que normalmente ocupa a P5, é a de que ele participe de todas as coberturas, principalmente quando está dentro do Sistema Defensivo. No Sistema de Recepção, esta ação dependerá de alguns fatores, como o seu posicionamento no rodízio de saque (P1, P5 ou P6), em relação ao local onde o levantador executou o levantamento e aos jogadores incluídos ou não no Sistema de Recepção que estão preparados para definir seus ataques.

É comum observarmos, em uma partida, a solidariedade da equipe de "entrar embaixo" do atacante, quando percebe que este se encontra em desvantagem contra o bloqueio adversário. Nesse momento, fica difícil identificarmos com precisão o posicionamento das linhas.

A apresentação didática dos diagramas representa-se dentro do Sistema 5 X 1, com rede de três atacantes, utilizando-se somente os atacantes da Zona Ofensiva. A composição das Linhas de Cobertura 2X3 (Diagramas 133, 134 e 135) segue a tática da formação da 1ª Linha com os jogadores mais próximos da jogada.

No Diagrama 133, o levantamento é na ponta, a composição da 1ª Linha é formada pelo jogador da P5 (D5) e pelo jogador de meio (A3), que é o mais próximo da jogada, ao passo que a 2ª Linha se define com o levantador, com o jogador da P6 (D6) e com o atacante da P2 (A2), que são os que estão mais afastados da jogada.

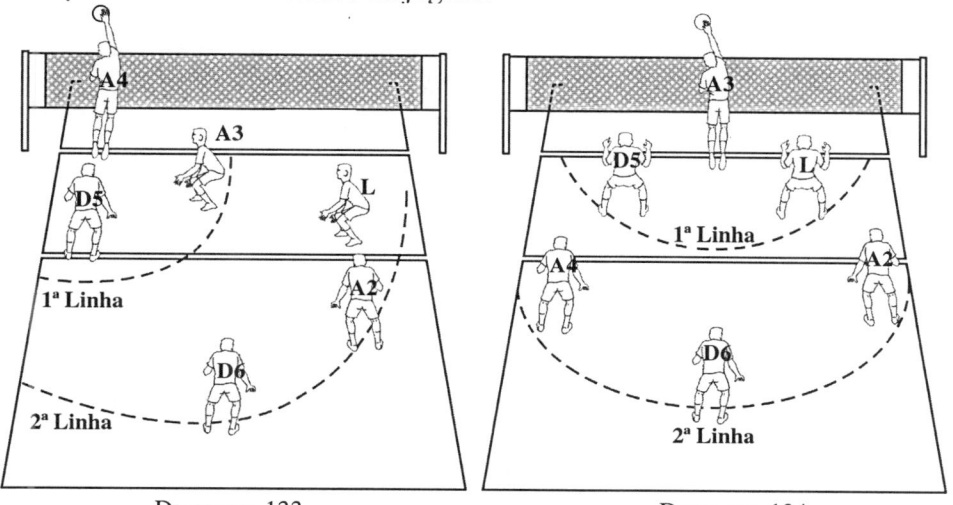

DIAGRAMA 133   DIAGRAMA 134

No Diagrama 134, o ataque é do jogador de meio, definindo-se por um ataque de "Tempo Frente" (ver em Jogadas Individuais, Capítulo Sistema de Ataque), em que o jogador da P5 (D5) e o levantador fazem a cobertura na 1ª Linha e os atacantes da ponta, da saída, juntamente com o jogador da P6 (D6), finalizam a 2ª Linha.

E finalizando a Cobertura 2X3, no Diagrama 135, o levantamento é executado na saída de rede (A2), o levantador e o atacante de meio fazem o respaldo na 1ª Linha, enquanto que o atacante da ponta, o jogador da P5 (D5) e o da P6 (D6) cobrem a 2ª Linha. Como a jogada ocorre do seu lado oposto, o jogador da P5 apenas recua um pouco para a 2ª Linha, já que já existem dois companheiros na 1ª Linha. Para que o jogador da P5 (D5) estivesse nessa cobertura, um exemplo a ser dado é se o atacante de meio fosse deslocado para atacar um "Chute Meio" (ver em Jogadas Individuais, Capítulo do Sistema de Ataque), o que faria com que sua corrida se estendesse para a P4, dificultando que tivesse condições de chegar a tempo na 1ª Linha. Dessa forma, ele iria para a 2ª linha e o jogador da P5 (D5) para a 1ª Linha.

DIAGRAMA 135   DIAGRAMA 136

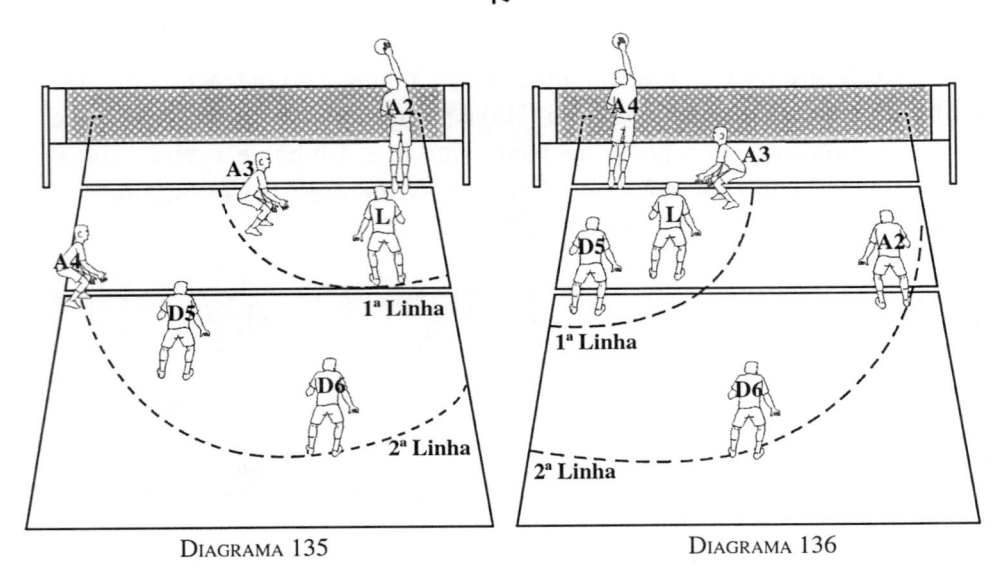

A maioria das bolas que são bloqueadas em uma partida caem praticamente próximo ao local de finalização dos ataques, na Zona Ofensiva. A Cobertura 3X2 abrange melhor esta zona de incidência das bolas bloqueadas pelos adversários, posicionando então três jogadores nesta área e dois distribuídos no fundo.

Na apresentação didática deste posicionamento, continuaremos com a mesma tática aplicada na Cobertura 2X3, e nesse modelo, a organização da 1ª Linha (Diagramas 136, 137 e 138) será definida com o jogador da P5 (D5), o levantador e o atacante mais próximo da jogada. Com o atacante da ponta (A4) defrontando-se com os bloqueadores adversários, a ação na cobertura estará a cargo, então, do jogador da P5 (D5), do atacante de meio (A3) e com a inclusão do levantador (Diagrama 136), a 2ª Linha terá à frente o atacante da saída (A2) e o jogador da P6 (D6).

Com o atacante de meio a definir um ataque de "Tempo Frente" (ver Capítulo Sistema de Ataque em Jogadas Individuais), a Cobertura 3X2 (Diagrama 137) descreve a 1ª Linha com o levantador, que efetuou o levantamento e está à direita do atacante, com o defensor da P5 e pelo atacante da P2, que está mais próximo da jogada que ocorre na P2½ e, teoricamente, realizaria uma bola de Levantamento Intermediário (ver em Sistema de Ataque Jogadas Individuais), e nesta tática é o mais recomendado a auxiliá-lo. A 2ª Linha posiciona o atacante da ponta (A4) juntamente com o jogador da P6 (D6). No ataque pela P2, na saída (Diagrama 138), a 1ª Linha tem o atacante de meio (A3), o levantador e o jogador da P5, que já estava na Zona Ofensiva para cobrir os atacantes do meio e da ponta. A 2ª Linha fecha com o atacante da ponta (A4) e com o jogador da P6 (D6).

Apesar de a disposição dos jogadores ser simples, a eficácia do Sistema de Cobertura de Ataque deve levar em consideração dois fatores importantes: primeiro, a solidariedade do jogador, e em segundo; a previsão da trajetória da bola com relação ao local e à força por onde o jogador irá definir o ataque e o ângulo e direção dos braços dos bloqueadores.

Com o êxito da recuperação da bola, os jogadores devem reposicionar-se rapidamente para um novo ataque e uma nova cobertura, e, se necessário, dirigirem-se em seguida à sua PF, para comporem o Sistema Defensivo, assim permanecendo durante o *rally* para realizarem novas coberturas.

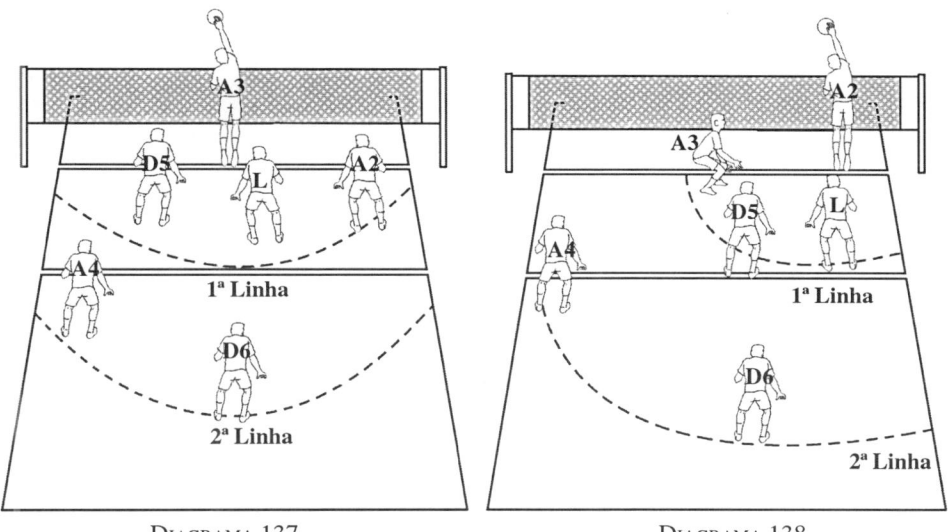

DIAGRAMA 137   DIAGRAMA 138

capítulo 5
SISTEMA DE ATAQUE

1. Organização ofensiva

A organização do Sistema de Ataque se processa na distribuição dos Tipos de Levantamentos, que classificam as Jogadas Individuais e Combinadas da equipe, organizando e distribuindo-as de acordo com a especialidade técnica e tática dos jogadores, a fim de que possam definir com êxito seus ataques, frente ao Sistema Defensivo adversário. Apesar de ser independente do Sistema de Recepção, do Sistema Defensivo e do Sistema de Cobertura de Ataque, o Sistema de Ataque torna-se dependente, pelo fato de que a sua melhor eficácia ocorre quando se têm estes sistemas equilibrados e atuando com eficiência. Por isso, a tática coletiva adotada é fundamental para se alcançar o sucesso previsto.

Podemos então melhor compreendê-lo, dessa maneira:
1. A partir do Sistema de Recepção;
2. A partir do Sistema Defensivo; e
3. A partir do Sistema de Cobertura de Ataque.

A organização ofensiva do Sistema de Ataque a partir do Sistema de Recepção desenvolve-se com maior naturalidade e liberdade de criação, para se organizarem as ações ofensivas a partir dela. O posicionamento dos receptores que estão mais afastados da rede, a independência dos demais atacantes que não se preocupam com esta responsabilidade e a própria qualidade na recepção possibilitam ao levantador distribuir as Jogadas Individuais e Coletivas com maior liberdade de escolha, facilitando a ação de seus atacantes frente ao Sistema Defensivo do rival.

A organização ofensiva, organizada a partir do Sistema Defensivo, tem sua liberdade de criação restringida em relação ao Sistema de Recepção, em favor do posicionamento dos bloqueadores e defensores, sendo realizada de forma mais simples, devido ao fato de que a eficiência do sistema depende muito da qualidade técnica e da atuação destes jogadores. Os que compõem a ação do bloqueio encontram maiores dificuldades por estarem se afastando da rede, tendo pouco tempo para se posicionarem com precisão para a definição do levantamento. Os jogadores que se encontram na ação defensiva e estão inseridos na organização das jogadas, se defenderem a bola, podem, dependendo do local em que fizeram a defesa, encontrar dificuldades de se recomporem para a definição da bola. O fator mais importante é a qualidade da bola defendida, que restringe a liberdade de escolha por parte do levantador, tendo de efetuar a distribuição, por vezes, de forma óbvia, sem que possa tentar persuadir o adversário de onde efetuaria seu levantamento.

É claro que devemos levar em consideração a tática adotada pela equipe, além da própria característica individual dos jogadores. Atualmente, no alto nível competitivo, os atacantes de fundo atuam com grande eficácia na definição dessas bolas, mesmo após realizarem uma defesa, da mesma forma ocorrendo com os jogadores que estavam na ação do bloqueio.

Com relação à organização ofensiva efetuada a partir da Cobertura de Ataque, esta é a mais complicada. A forma com que a bola foi recuperada e o próprio posicionamento do atacantes e jogadores que compõem a cobertura limitam suas ações. As bolas tendem a ser de difícil recuperação. Pela proximidade e ângulo dos bloqueadores e dos jogadores da cobertura, estas são normalmente defendidas pelo reflexo do jogador, ficando baixas e próximas ao local em que ocorreu o lance, e mesmo com o levantador participando da cobertura, a qualidade da bola limita que utilize maiores estratégias. O atacante que definiu o ataque tem também pouco tempo e espaço para repor-se novamente, mas são os que normalmente recebem o levantamento, devido à dificuldade do levantador para variar a jogada.

A organização tática das ações ofensivas são as que exigem maior sincronismo, coordenação e entrosamento entre o levantador e os atacantes, buscando-se facilitar a superação frente ao Sistema Defensivo adversário. Com relação ao levantador é ele o mentor estratégico, sendo normalmente um dos principais pontos de equilíbrio em uma partida. É por meio da sua percepção, habilidade técnica, equilíbrio emocional e entendimento tático, e neste último tanto da sua equipe como da equipe adversária, que realiza as distribuições das ações ofensivas do Sistema de Ataque. Deve conhecer com especialidade os tipos de levantamentos, trajetórias e velocidade das bolas preferidas por cada um de seus atacantes, além de ter a visão periférica, e saber se os seus companheiros estarão bem posicionados para definir o levantamento, o posicionamento e deslocamento dos bloqueadores adversários.

No Voleibol de alto nível competitivo, quando o levantador está posicionado na Zona Ofensiva, serve-se do fator surpresa, como o atacante na segunda bola, com suas largadas, que quase sempre se concluem com êxito para a sua equipe.

A estrutura do Sistema de Ataque é elaborada por meio das Jogadas Individuais ou Combinadas, definidas a partir da classificação dos levantamentos, que iremos analisar mais à frente.

2. Classificação dos levantamentos

A classificação dos levantamentos é feita a partir da combinação da altura, trajetória e velocidade da bola. Cada atacante tem maior preferência e segurança em definir seus ataques com determinado tipo de levantamento, que sofre variação do "tempo de bola" em cada uma das posições. As características de segmentos do biotipo de cada jogador também aliam-se na composição dos tipos de levantamentos utilizados por cada um deles. Podemos definir os tipos de levantamentos da seguinte forma:

Levantamento Alto;
Levantamento Baixo; e
Levantamento Médio.

2.1. Levantamento Alto

O Levantamento Alto é também chamado de "Levantamento de 3ª Bola", e caracteriza-se por uma bola mais lenta e de parábola mais alta. Com as restrições do alcance final de ataque do jogador e sua preferência, podem estar acima de 2,5 metros do bordo superior da rede. É utilizado, principalmente, pelos atacantes de ponta, por uma questão de preferência ou quando o passe sai "quebrado" e afasta-se da Z/L, dificultando, então, a ação do levantador em chegar à bola e imprimir velocidade à jogada, sendo obrigado a definir este tipo de levantamento. Ocorre também quando a 1ª ação defensiva é realizada pelo levantador, sendo o levantamento executado por outro jogador, que se utiliza deste tipo de levantamento, também conhecido como "Bola de Segurança" e "Bola Alta" (Diagrama 139).

Salvo as particularidades de cada jogador, para entrar no "tempo da bola" o atacante deverá descrever sua corrida na fase descendente da parábola da bola.

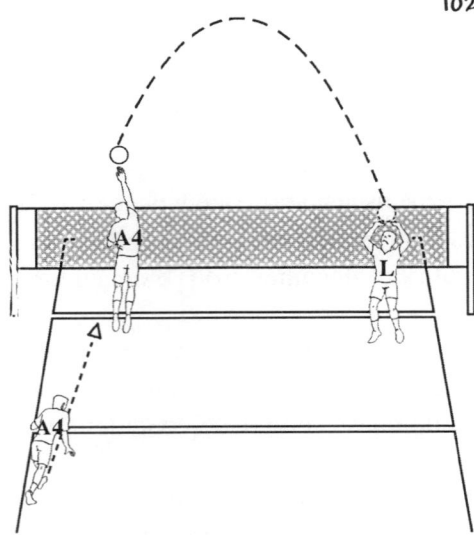

Diagrama 139

2.2. Levantamento Baixo

O Levantamento Baixo, levantamento de 1ª Bola ou Rápido, caracteriza-se por uma bola de alta velocidade e de parábola baixa, afastando-se pouco em relação ao bordo superior da rede (Diagrama 140). Os jogadores que mais o utilizam são os de meio de rede, salvando-se as restrições com relação ao alcance final do ataque do jogador e sua preferência, em que a bola afasta-se cerca de 30 a 80 cm do bordo superior da rede, com poderosa precisão de finalização. Necessita de um perfeito entrosamento entre o levantador e atacante, com relação ao "tempo de bola" e ao local ideal da finalização, pois o atacante antecipa sua corrida e salto, sincronizando-os com o tempo em que a bola chega às mãos do levantador. O contato com a bola poderá ocorrer tanto na fase ascendente, quanto na fase descendente da bola. São as jogadas de "Tempo" (Diagrama 140), "Chute" (Diagrama 142) e suas variações.

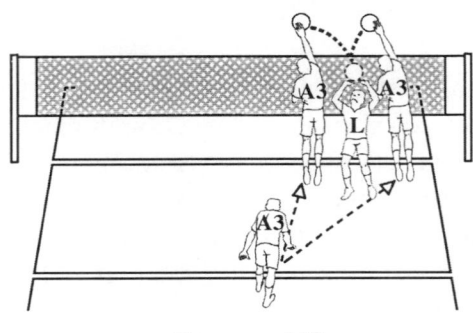

Diagrama 140

Quando é utilizada pelos atacantes da extremidade, é levantada com uma trajetória quase retilínea e com velocidade média para alta. É o "Chute Ponta" dos ponteiros (Diagrama 141), que sofrerá variações de acordo com

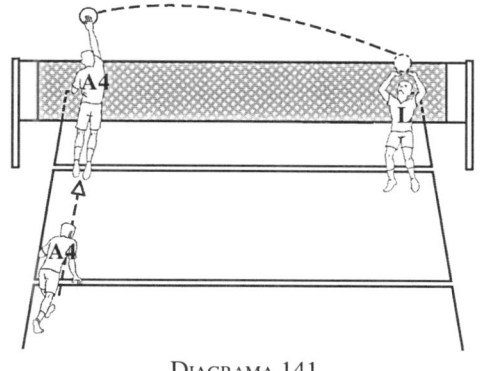

DIAGRAMA 141

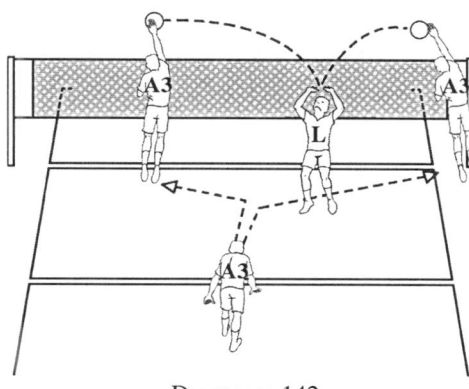

DIAGRAMA 142

o alcance final e a preferência de cada atacante. Um dos mais famosos atacantes de "Chute Ponta" é o Bicampeão Olímpico da Seleção Brasileira, Giovani, que com um perfeito entrosamento com o levantador, principalmente com o Maurício, finalizava seus ataques com estilo e precisão. Na saída de rede podemos ver este tipo de levantamento na bola chamada "China" (Diagrama 142), utilizada, preferencialmente, pelas equipes femininas.

Os Levantamentos Baixos podem ser definidos à frente e atrás do levantador (Diagrama 140). Quando pelo meio da rede, podem ser realizados à direita ou à esquerda com relação ao ombro do atacante; em relação ao momento de ser finalizado pelo atacante, pode ser definido no tempo ascendente (positivo) ou descendente (negativo). A bola mais conhecida e utilizada pelo meio da rede é o "Tempo Frente", que pode ter variação à direita, chamado "Tempo Cabeça", ou à esquerda, "Tempo Esquerdo", havendo ainda a variação de ser positivo ou negativo. O "Chute Meio" é outra bola também bastante utilizada.

As bolas de Levantamentos Baixos no centro da rede são de grande utilidade nas "Jogadas Combinadas" (ver em Jogadas Combinadas), ou ainda para retardar e dificultar o deslocamento do bloqueador do centro, facilitando a própria jogada e a distribuição das bolas nas extremidades.

2.3. Levantamento Médio

É chamado de Levantamento Médio ou Intermediário, por estar em relação à altura e trajetória, entre o Levantamento Alto e o Levantamento Baixo, tendo velocidade média com trajetória curvilínea. Afasta-se cerca

DIAGRAMA 143

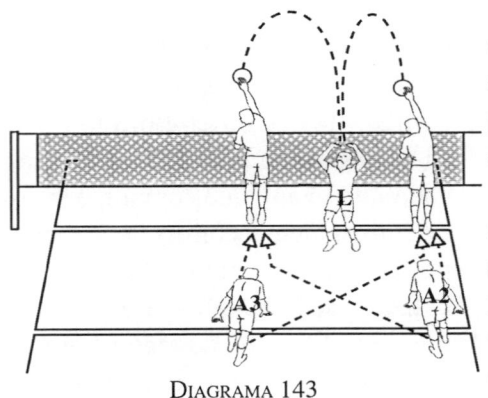

de 1 a 2 metros do bordo superior da rede, salvando-se a preferência particular e o alcance final de cada atacante.

É o levantamento de 2ª Bola, conhecido como "Meia Bola" (Diagrama 143), e utilizado principalmente pelos atacantes da P2 (oposto) e nas combinações das Jogadas Combinadas (ver neste Capítulo), além de atualmente ser muito utilizado em bolas atacadas atrás da linha de 3 metros, pelos atacante da P1 e P6 (Diagrama 144). Os ataques atrás da "linha de 3 metros", efetuados pela P5, raramente são empregados. Quando ocorrem, normalmente decorrem de uma troca de posição, onde o levantador vai bloquear na P4, utilizando-se então da P5 para dar mais equilíbrio e opção ao Sistema de Ataque. A corrida do seu "tempo de bola" tem início praticamente quando a bola chega às mãos do levantador. Alguns atacantes da P4 costumam atacar uma "Meia Bola" nesta posição, utilizando-se de um levantamento com um pouco mais de velocidade: é a chamada "Meia Bola Chutada", que, digamos, seria a união da "Meia Bola" com "o Chute Ponta".

Nas Jogadas Combinadas (ver neste Capítulo), normalmente imprimem-se menor altura e maior velocidade à bola, deixando a jogada rápida e com alto poder de definição, pois os bloqueadores têm pouco tempo de deslocar-se e reposicionar-se corretamente para bloquear a bola. Poderemos avaliar com maior precisão estas jogadas na apreciação das Jogadas Combinadas.

3. Jogadas individuais

As Jogadas Individuais de ataque compreendem a combinação dos tipos de levantamentos com o local e o momento ideal da saída do atacante para sua definição: é o chamado "tempo de bola", que para os iniciantes é a maior dificuldade encontrada no aprendizado do desenvolvimento da cortada. As jogadas incluem uma sinalização própria, que é distribuída pelo levantador aos jogadores incluídos na Formação Tática do Ataque, e, dependendo da cidade, estado ou país, pode haver terminologias e sinalizações diferentes. Analisaremos aqui somente as Jogadas Individuais deixando para o próximo segmento as Jogadas Combinadas. As principais Jogadas Individuais são as "Bolas Altas", as "Chutadas", a "Meia Bola" e o "Tempo Frente", e dessas desmembram-se outras variações. Muitas destas jogadas podem ser atacadas saindo-se de uma posição e dirigindo-se à outra, mas, basicamente, por posição, teremos:

Na ponta, P4, temos os seguintes levantamentos:
• **Alta ou Normal;**
• **Chutada;**
• **Meia Bola;** e
• **Meia Bola Chutada.**

No meio, P3, teremos os seguintes levantamentos:
• **Tempo Cabeça;**
• **Tempo Esquerda;**
• **Chute Meio;** e
• **Meia bola.**

Na saída, P2, teremos os seguintes levantamentos:
• **Meia bola;**
• **Tempo Costa;**
• **Tempo Costa à Direita;** e
• **China.**

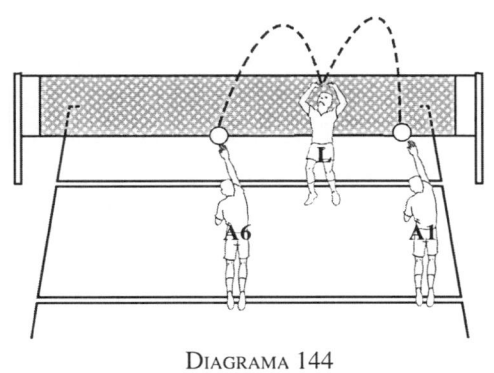

A jogada "China" (Diagrama 142), por exemplo, é uma variação do "Chute Meio", normalmente inicia-se na P3, mas também pode se iniciar na P4, finalizando-se na P2. Esta jogada pode ter o salto com um ou com os dois pés. Os canhotos atacam essa bola em um pé só, porém, saindo da P2 e finalizando-a na P3 como um levantamento de "Chute Meio" dos destros.

DIAGRAMA 144

Outra jogada de ataque bastante utilizada é o ataque atrás da linha de três metros, a "Russa" ou o "Ataque de Fundo", que predomina por uma "Meia Bola" atacada na P1 e P6 (Diagrama 144).

4. Jogadas combinadas

Podem também ser chamadas de Fintas Coletivas, utilizando-se na jogada a manobra de dois atacantes, um com um Levantamento Baixo e o outro com um Levantamento Médio, com o intuito de ludibriar o bloqueio adversário, confundindo-lhe e retardando suas ações, facilitando assim a definição do ataque pelo 2º atacante. Por vezes, quando a jogada foi "cantada" pelo adversário, o levantador solta a bola no 1º atacante, sem concretizar a jogada.

A movimentação inicial de um atacante para finalizar um ataque de 1ª Bola na P3, "Tempo Frente", por exemplo, facilitará a definição de um outro atacante que venha finalizar um Levantamento de 2ª Bola logo ao lado e atrás dele, também na P3. O atacante que puxa a 1ª bola atrai para si a atenção dos bloqueadores, fazendo com que um ou dois bloqueadores se desloquem ou saltem com ele. Dessa forma, sobrará espaço para que o atacante da 2ª bola finalize o ataque logo depois dele, tendo a sua frente um Bloqueio Simples ou "quebrado", procurando finalizar no local em que o 1º bloqueador saltou ou no "buraco" deixado pelos bloqueadores que não acompanharam a jogada. Quando o primeiro atacante começar a sua queda no salto, o segundo atacante estará na fase ascendente do seu salto, finalizando então o ataque.

As combinações das jogadas se desenvolvem com maior facilidade no Sistema de Recepção do que no Sistema Defensivo. Dentro do Sistema de Recepção, os jogadores estão com maior liberdade de ação e a qualidade da recepção é melhor, enquanto que no Sistema Defensivo a preocupação primeira é de minimizar as ações dos atacantes adversários, seja com um bloqueio ou uma defesa, além da qualidade da bola defendida que limita este tipo de jogada. Para uma boa execução da jogada, é necessário que a bola enviada ao levantador seja precisa, ou seja, na mão do levantador, e que se afaste o mínimo possível da Z/L, além de os jogadores "puxarem" a jogada cada um no seu "tempo de bola".

As variações das jogadas ocorrem a partir de três jogadas básicas: "Dismico", *Between* e "Degrau". Dependendo da região do país, as jogadas podem ter terminologias diferentes, mas eis alguns exemplos: Dismico no Meio; Dismico na Saída; Dismico na Ponta, Degrau no Meio, Degrau na Saída, Xis, *Between* da China e as "Voltas" de Dismico, de Degrau e de *Between*. Atualmente os ataques atrás da linha de 3 metros caracterizam-se

DIAGRAMA 145   DIAGRAMA 146

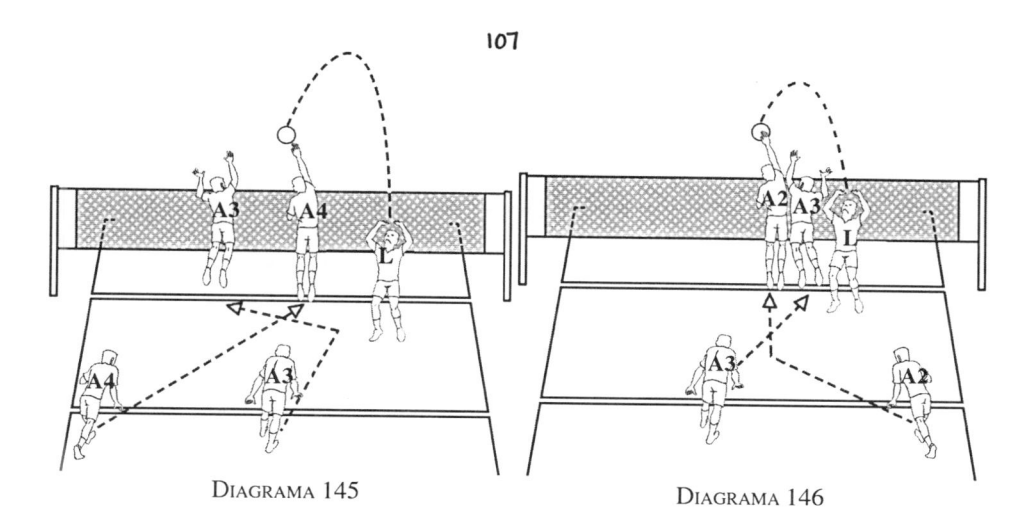

como uma Jogada Combinada, exemplo maior os ataques da P6 efetuados pelos atacantes da Seleção Brasileira, Giovani e Giba, que a definem logo atrás dos atacantes de meio, no espaço deixado pelo (s) jogador (es) que tentou (tentaram) bloquear. Eles atacam a jogada chamada "Um Tempo Atrás".

O Diagrama 145 apresenta a Jogada Combinada "*Between* no Meio", que inicia com o atacante da P3 indo atacar um "Chute Meio" e o da P4 vai atacar um uma "Meia Bola" entre o levantador e o atacante da P3. Nesta jogada, o jogador da P3 pretende que o seu bloqueador o acompanhe e se desloque um pouco mais à sua direita, abrindo espaço no centro da rede para que o atacante da P4 defina seu ataque pelo meio da rede, ou mais à sua direita.

O Diagrama 146 caracteriza a "Dismico", em que o atacante da P3 puxa um "Tempo Frente" fazendo com que seu bloqueador salte com ele e quando P3 estiver no seu "tempo de bola", o levantador solta uma "Meia Bola" para o atacante da P2 logo atrás e a seu lado, para que ele defina a bola no espaço deixado pelo bloqueador de meio que saltou com P3.

O "Degrau" é configurado no Diagrama 147, com o atacante da P3 indo definir um "Tempo Frente" e o atacante da P4, que vem logo em seguida, próximo a ele, em um levantamento que se parece com um "Chute Meio", mas é um pouco mais curto. A intenção é que o bloqueador de meio adversário salte com o atacante da P3, deixando espaço para que o atacante da P4 defina o ataque nesta direção, no espaço do bloqueador que saltou junto com P3. A "Volta da Dismico" tem sua simulação no Diagrama 148. A diferença para a "Dismico" é que o jogador da P2 "canta" antes que vai definir esta jogada e quando se aproxima do levantador, muda a direção da sua corrida indo atacar uma "Meia Bola" na saída de rede.

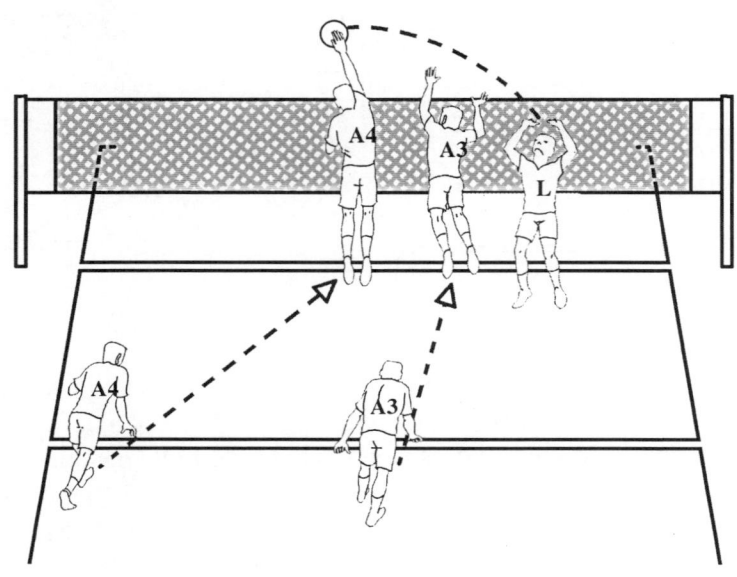

Diagrama 147

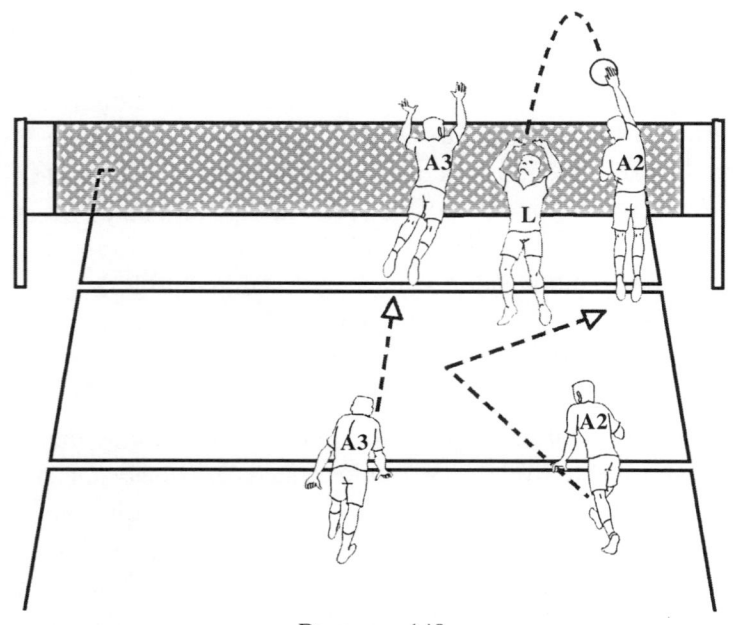

Diagrama 148

5. Tática individual de ataque

A Tática Individual de Ataque está contida sobretudo na Tática Coletiva da equipe. Sendo o ataque, a ação que define a estratégia dos vários sistemas, e conseqüentemente, o ponto do *rally*, as características da técnica dos atacantes acabam norteando a Tática Coletiva da equipe, pois estas devem (ou deveriam) ser montadas a partir das capacidades individuais de cada jogador, servindo então, as Táticas Individuais, principalmente quando a Tática Coletiva não surte o efeito desejado. Vejamos alguns destaques:

A utilização da bola explorada no bloqueio.
A utilização de largadas.
A utilização de variações de ataques fortes, médios e fracos.
A utilização de variações de ataques diagonais e paralelos.
A utilização de ataques cravados, longos e no corpo do defensor.
As Fintas Individuais na Fase da Passada do Ataque.
As Fintas na Fase Aérea do Ataque.

Pode-se dizer que as Táticas Individuais valem-se da percepção do atacante no momento do ataque, e se caracterizam por uma constância e variação dessa atitude.

É importante ao atacante conhecer com especificidade as vulnerabilidades do Sistema Defensivo adversário, bem como as características, habilidades, e principalmente, as deficiências dos jogadores adversários, a fim de se sobressair por meio das suas Táticas Individuais.

Das Táticas Individuais apresentadas avaliaremos, com um pouco mais de especificidade no próximo segmento, as Fintas Individuais.

5.1. Fintas Individuais

As Fintas Individuais de Ataque são utilizadas pelos atacantes para que possam tentar persuadir ou retardar as ações dos bloqueadores adversários, modificando suas pretensões iniciais, de forma rápida e coordenada, buscando atingir uma porcentagem maior no efeito e sucesso da definição do seu ataque. As Fintas Individuais caminham em parceria com as Táticas Individuais, que vimos anteriormente, podendo-se dizer que são totalmente dependentes e se confundem entre si nas ações dos atacantes. As Fintas Individuais são de notável importância na Tática Individual e Coletiva do

Ataque, podendo ser realizadas de duas formas: Na Fase da Passada de Ataque e Na Fase Aérea do Ataque.

5.1.1. Na Fase da Passada de Ataque

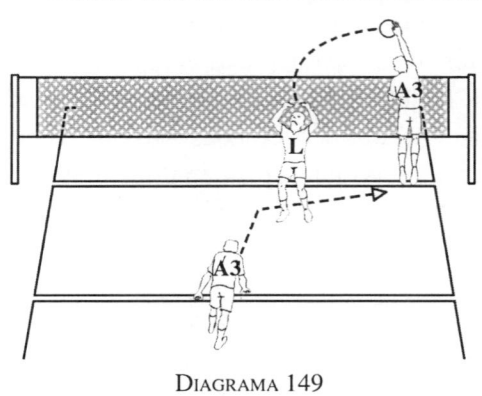

As Fintas Individuais na Fase da Passada (corrida) de Ataque refletem a comunicação de deslocamento do atacante em definir um levantamento em determinada posição, buscando fazer com que o bloqueador se antecipe ou posicione seu bloqueio na posição por ele sugestionada, em conseqüência desta sua manobra. Nesta situação, ele rapidamente muda a direção da sua passada, atacando outro tipo de levantamento e em outra posição.

DIAGRAMA 149

As Fintas Individuais podem ser utilizadas sem o conhecimento prévio do levantador, somente pelo atacante, ou em comunhão com o levantador, e neste caso, requerem bastante entrosamento, sincronismo e perfeita precisão entre ambos. Como exemplo, o atacante da P3 se desloca na passada de um "Tempo Frente", e, quando se aproxima do levantador, muda rapidamente a direção da sua passada atacando um "Chute Meio" ou um "Tempo Costas". A jogada "China" é uma jogada de Finta Individual por Passada de Ataque bastante utilizada no feminino, que se desenvolve com a atacante progredindo sua corrida para atacar um "Tempo Frente" na P3, e no momento da aproximação junto à levantadora, realiza uma parada brusca e se desloca lateralmente, indo atacar um "Chutada" na P2, podendo, nesse final de passada, realizar seu salto com um ou os dois pés (Diagrama 149).

Outra Finta Individual na Fase da Passada de Ataque é utilizada nas combinações de ataque das Jogadas Coletivas: são as chamadas "Voltas de Finta". O diagrama 148 apresenta a "Volta da Dismico", que se desenrola com o jogador da P3 puxando um "Tempo Frente" e o jogador da P2 indo atacar uma "Meia Bola", também na P3, ao lado do atacante de meio, caracterizando a "Dismico". Quando o jogador da P2 inicia a corrida para definir a "Dismico" na P3, muda de direção no percurso da corrida e volta para a P2, para definir seu ataque neste local, com uma "Meia Bola".

5.1.2. Na Fase Aérea de Ataque

As Fintas Individuais na Fase Aérea refletem a comunicação do atacante com relação ao seu gesto técnico, realizadas no instante da impulsão (salto), ou durante a fase de armação e de contato com a bola. No instante da impulsão, o objetivo do atacante é fazer com que os bloqueadores se desloquem, antecipando a marcação do bloqueio, deixando espaço maior em outra posição. O exemplo é do atacante que se desloca para definir um levantamento na ponta, e tem seu corpo totalmente voltado para a P5 ou P4 do adversário, demonstrando, assim, que irá definir seu ataque na diagonal maior ou menor, mas quando realiza o salto faz um giro e posiciona seu corpo paralelo à rede e de frente para a P1, definindo seu ataque nesta posição. Nesse caso, os bloqueadores, visualizando a intenção premeditada do atacante em definir seu ataque na diagonal, posicionam o bloqueio mais para dentro da quadra, deixando o espaço maior na paralela, a P1, onde o atacante definirá seu ataque.

Nesta mesma condição e exemplo, pode-se demonstrar a Finta Individual na Fase Aérea do Ataque, no instante da finalização, que são as jogadas mais utilizadas pelos atacantes para se sobressair em relação aos bloqueadores adversários, sendo necessários a eles os recursos técnicos e visão periférica da jogada. Desenvolvendo sua corrida na direção da P5 ou P4 do adversário, o jogador induz um ataque de diagonal maior ou menor, realiza o salto e prepara seu movimento de ataque com o corpo totalmente voltado para estas posições, e no momento de golpear a bola, muda o local de contato com a bola atingindo-a mais ao lado direito (a palma da mão voltada para a paralela), realizando o movimento final de braços (cruza o braço no corpo), atacando a bola na P 1.

Quem mais se utiliza das Fintas Individuais para ludibriar o bloqueio adversário, com certeza, é o levantador. São várias as ações de gestos corporais que retardam, induzem e confundem os bloqueadores adversários, dificultando que possam fazer a programação antecipada do local, e o atacante que definirá o seu levantamento. Pode-se observar que, quando posicionado na Zona Ofensiva, procura executar o levantamento em suspensão, e dessa forma obriga que um bloqueador salte com ele, a fim de impedi-lo de se utilizar da largada, favorecendo assim seus atacantes em relação aos bloqueadores adversários. Usa o saltito antes do contato com a bola, tirando a atenção do bloqueador, ou fazendo-o saltar. Atrasa um pouco mais para ter o contato com a bola, abaixando seu centro de gravidade, e solta-a com maior velocidade. Outros tipos de fintas são executadas pelo levantador, mas a mais eficiente se mostra com relação à comunicação do seu corpo e ao gesto técnico das mãos, em que consegue ludibriar os bloqueadores, no que concerne ao local onde irá definir seu levantamento.

As Fintas Individuais também são observadas em outros fundamentos do Vôlei, como neste exemplo do bloqueio, com o bloqueador da P2, que salta para bloquear o atacante da P4 adversário, com os braços posicionados fechando a paralela (P1), mas no momento da definição do atacante, muda a direção dos seus braços, posicionando-os na diagonal maior (P5). No saque são vários os recursos empregados, mas um exemplo simples é do sacador que se prepara e desenvolve um saque em suspensão (saque viagem), a equipe adversária se posiciona mais ao fundo da quadra para recepcioná-lo (em virtude da força deste ataque a incidência da bola é dirigir-se ao fundo da quadra), e, no momento de contato com a bola, controla a força de seu movimento, dando um leve toque na bola, e fazendo com que caia curta, próxima à rede.

capítulo 6
TÁTICA COLETIVA

1. Tática geral

A Tática Coletiva pode ser entendida como a agregação total das capacidades individuais dos jogadores, relacionadas com a condição técnica, física, tática, intelectual e psicológica, organizando-as e fortalecendo-as entre si, com o sólido objetivo de minimizar as deficiências individuais e sobrepor-se coletivamente para induzir o erro ou a falha adversária.

De modo geral, a tática fica um tanto quanto restrita, principalmente em virtude da regra de jogo, que limita determinadas ações da equipe, seja no posicionamento dos jogadores, na sua movimentação em quadra ou mesmo na quantidade de substituições que pode efetuar. A obrigatoriedade de, no máximo três toques para cada equipe, faz com que o êxito de determinada tática concentre-se principalmente na preparação da jogada, seja por meio da recepção do saque ou da defesa, e neste caso torna-se ainda mais dificultoso em cada *rally*, em que cada saque determina o ponto a favor ou contra.

A tática coletiva vai depender muito mais das habilidades técnicas, táticas individuais, condições físicas e da maturidade esportiva dos jogadores do que dela, propriamente dita. O nível em que se encontram estas qualidades é que qualificará a aplicação e o resultado da tática empregada, pois se os jogadores não resumem as condições de entendimento tático, aplicabilidade técnica, condição física e experiência que ela requisita, dificilmente ela produzirá o efeito desejado. Outros pontos importantes que caminham em consonância com a eficácia da tática são as condições emocionais; o raciocínio e a percepção tática; o conhecimento das variáveis que compõem uma competição, como regras e regulamentos; a vontade; o poder de decisão, entre outros.

A escolha de determinada tática nas variações dentro de cada sistema, para a formação da Tática Coletiva, terá seu desempenho expandido quanto melhor equilibrados, dominados e controlados estiverem estes fatores individualmente, e quanto maior for o repertório da técnica e de táticas individuais. A tática de uma equipe deve complementar a técnica e tática individual, a condição física e o nível psicológico e intelectual dos jogadores, sem se sobrepor a estes e às regras do jogo.

As Táticas Coletivas adotadas em uma equipe podem ser realizadas de duas formas: a primeira, por meio de uma tática que reflita as características próprias de seus jogadores, e a segunda, de jogadores capacitados a desempenhar determinada tática. A primeira opção torna-se muito mais realista e prática, tendo em vista que poucas são as equipes em condições de escolher jogadores específicos para desenvolverem determinada tática. Um exemplo pode ser a seleção nacional de alguns países. Independentemente da forma como se expandirá a formação tática coletiva, existem alguns fatores essenciais para que se obtenha o máximo do desempenho técnico e tático dos jogadores. O Diagrama 150 expõe alguns destes fatores.

Características Avaliadas
- Habilidade técnica; - experiência; - assimilação tática; - condição física; - equilíbrio emocional; - tática adversária; - intelecto; - pressões externas e internas; e - capacidade física, emocional e técnica do adversário.

DIAGRAMA 150

A aplicação das possíveis táticas a serem adotadas deve ter o conhecimento e entendimento prévio dos jogadores, das funções que cada um executará dentro delas, incluindo-se também os jogadores reservas que venham a substituir os titulares dentro de uma partida. As táticas devem ser apresentadas aos jogadores com todos os recursos que se possam adquirir, como vídeos, diagramas, palestras etc., e treinadas de forma que venham a evoluir seqüencialmente, ou seja, devem ser aplicadas por partes, propiciando a automatização gradativa e absorção dos detalhes táticos. Progressivamente, deve-se dar o ritmo aos treinos até que estejam assimiladas e se possam utilizar todas as suas ações dentro do jogo. O emprego de treinos coletivos com as características táticas das equipes adversárias, na antecedência da competição, fortalece a adaptação da tática da equipe frente ao esquema tático adversário.

Um padrão tático deve sempre predominar, mas é imperioso que haja várias táticas para cada sistema, para que se possam utilizá-las frente às diferentes equipes que se encontram dentro de uma competição e as situações que ocorrem em uma partida e não podem ser previstas. Montado o estilo de jogo da equipe, este não deve ser utilizado de uma só vez, devem-se preservar algumas surpresas e apresentá-las quando surgir a necessidade, em alguma situação de dificuldade em que a tática adversária esteja prevalecendo temporariamente, ou para surpreender o adversário que se preparou para atuar como a equipe vinha jogando. A própria tática individual dos jogadores deve ter este fim.

Na preparação da equipe, o técnico deve se preocupar em obter a maior totalidade possível de informações sobre seus adversários, para assim antever e treinar as táticas, a fim de neutralizá-los. Conhecer o padrão de jogo da equipe; a ordem de rodízios; os jogadores reservas que são mais utilizados, no lugar de quem, onde, por que, em que momento do "set"; as características psicológicas, técnicas e táticas dos titulares e os reservas que mais atuam, entre outros esclarecimentos que auxiliam na avaliação da melhor tática na competição.

A equipe deve ter sua tática padrão definida e assimilada, e as possíveis variações que venha a utilizar na partida para combater as táticas adversárias.

2. A tática no saque

Com a adoção dos pontos por *rally*, o saque alcançou uma posição tática muito importante dentro de uma partida, servindo-se de referência para que se alcance a vitória. A primeira tática para sacar é de se fazer o ponto, e depois a intenção de que ele tenha o efeito de desequilibrar o Sistema de Recepção e, conseqüentemente, o Ataque adversário, favorecendo maior equilíbrio com as ações do Sistema Defensivo, e objetivando um contra-ataque que possa definir o ponto.

Podem-se adotar várias táticas dependendo das características da equipe e do momento do jogo. Como, por exemplo, uma tática com a intenção de desestabilizar a recepção, ou então para retardar as ações de algum atacante, ou ainda para atentar contra o levantador. Vejamos alguns efeitos que podem causar nas posições da quadra:

- **Saque na P1**: Na rede com dois atacantes, para atrapalhar a corrida do atacante do fundo; quando o levantador está na P4 ou P5, dificultará seu melhor posicionamento e visualização da jogada; quando o receptor é um atacante, para retardar e atrapalhar sua corrida, dificultando que "chegue inteiro" para concluir o ataque.
- **Saque na P2:** Para dificultar as ações do levantador, principalmente de visualização da jogada, pelo fato de a bola estar nas suas costas; se o jogador de meio estiver nesta posição, dificultar seu deslocamento na jogada de 1ª Bola; no atacante da P2, isto também atrapalha sua corrida.
- **Saque na P3**: O atacante de 1ª Bola terá de fazer a recepção, retardando seu deslocamento e a velocidade da jogada, bem como as ações das Jogadas Combinadas.
- **Saque na P4**: Se for o atacante da P4, ele terá que ir à rede, recepcionar, voltar e reposicionar-se para o ataque, o que atrapalha sua velocidade de deslocamento e seu salto, e pode impedi-lo de "chegar inteiro" à bola; se for um atacante de bola rápida, para retardar seu deslocamento e posicionamento de frente ao levantador, inibindo suas táticas individuais.
- **Saque na P5**: Se o passador for um atacante, para retardar e atrapalhar seu deslocamento, dificultando que "chegue inteiro" para atacar a bola.

- **Saque na P6**: Para dificultar a visualização da bola pelo atacante de meio, que terá de se deslocar mais à direita ou à esquerda, atrapalhando sua passada e seu tempo de bola; no caminho do atacante de russa, atrapalhando sua corrida.
- **Sacar em um jogador de má recepção**: Para tentar fazer o ponto ou quebrar o passe.
- **Sacar no atacante que está na recepção**: Para cansá-lo física ou mentalmente, e para que não "chegue inteiro" em seu ataque.
- **Sacar na Infiltração**: Para tentar causar algum incômodo ao levantador, com a Infiltração Aberta pode-se provocar algum prejuízo ao caminho do levantador; se for Infiltração Fechada, seria um saque curto para deixar a jogada mais lenta ou atrasar as ações dos atacantes. Nos iniciantes, pode provocar mais dificuldades.
- **Sacar à direita ou à esquerda**: Para deslocar o atacante para dentro ou para fora da quadra, considerando-se a dificuldade que alguns jogadores têm na sua lateralidade, ou mesmo para retardar o deslocamento de um receptor que está envolvido no Sistema de Ataque.
- **Sacar Alto**: Pode deixar a jogada mais lenta.
- **Sacar Longo**: Pode vir a atrapalhar o trajeto da corrida dos atacantes de fundo; se for no receptor que está envolvido na jogada, pode retardar seu deslocamento e seu "tempo de bola".
- **Sacar Curto**: Atrapalha o deslocamento dos atacantes da rede e dos jogadores das Jogadas Combinadas.

O uso do saque deve ser amplamente debatido com os jogadores, particularmente sobre seu efeito na equipe adversária e os momentos mais propícios a serem utilizados. A consciência tática no saque vale muito, e alguns cuidados devem ser tomados e sempre alertados no que se refere aos momentos psicológicos de uma partida, quando o jogador que antecedeu o saque errou, logo após um pedido de tempo, no final de "set", com o jogo equilibrado, entre outros. É importante variar o ritmo, força e velocidade do saque para que a equipe adversária não se adapte a ele, mas se o saque está "entrando", pois bem, que se façam os 25 pontos com ele.

3. A tática no sistema de recepção

A adoção tática de uma das variáveis do Sistema de Recepção tem em si só sua tática definida, na distribuição dos jogadores dentro da Área de

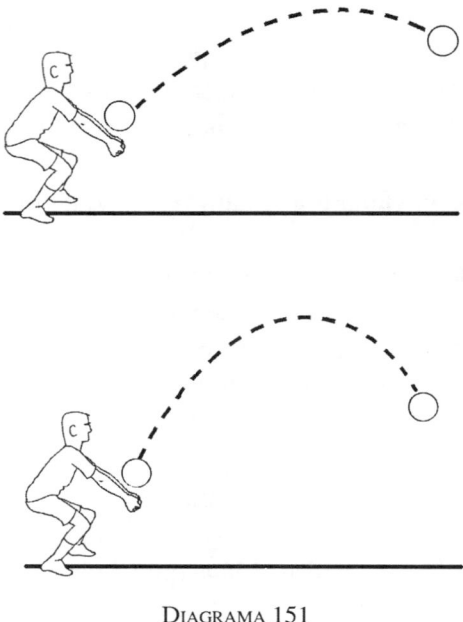

Recepção, seja com 5, 4, 3, ou 2 receptores; quais os jogadores a ocupar estas áreas; dos jogadores responsáveis pelos saques curtos, os que ficarão "escondidos" desse trabalho; quando na recepção com dois passadores, se convém utilizar três receptores caso o saque adversário seja o "viagem" e quem será o jogador a auxiliar nos rodízios em que ocorrem; se haverá passadores fixos ou rodízios entre os jogadores; se jogará com ou sem líbero; quem tem a prioridade no passe em cada um dos rodízios.

O tipo de trajetória que se imprime à bola, se chutada, alta, normal etc., tendo em vista a característica do levantador, ou para imprimir mais velocidade ou não às jogadas (Diagrama 151), também deve ser avaliado.

DIAGRAMA 151

Juntamente com o Sistema Defensivo, a qualidade e equilíbrio do Sistema de Recepção definem as opções táticas do Sistema de Ataque, por isso, neste sistema, deve haver opções frente aos diferentes tipos de saques que se possam defrontar na competição. Conhecer que tipo de técnica e tática os adversários utilizam, quem são seus melhores sacadores e qual o tipo de saque de que se utilizam, se existem jogadores reservas com especialidade para sacar e como sacam. Indispensável que se treinem todas as possibilidades possíveis, para que, rapidamente, os jogadores possam se adaptar a elas, caso ocorram, sem que isso possa trazer maiores prejuízos à equipe, desestabilizando o Sistema de Recepção e, conseqüentemente, o de Ataque.

4. A tática no sistema de ataque

A eficiência do Sistema de Ataque é dependente do Sistema de Recepção e do Sistema Defensivo, e quanto melhor a qualidade com que se recupera a bola nestes sistemas, melhores são as chances de eficiência na distribuição e efetivação do ataque. O critério tático a ser utilizado na distribuição dos tipos de levantamentos, que determina as Jogadas Individuais e

Combinadas da equipe, deve levar em consideração as potencialidades individuais dos atacantes, relacionando-se estas com as táticas individuais, a preferência pessoal, a disposição tática e qualidade técnica no Sistema de Recepção e no Sistema Defensivo.

Pode-se dizer que a Tática Coletiva do Ataque envolve a conjunção dos tipos de levantamentos, das Jogadas Individuais e Coletivas, da quantidade de atacantes que podem atuar em cada rodízio, e como estes se utilizam da técnica e tática individual em confronto com as características individuais e coletivas do Sistema Defensivo adversário, com a intenção de fazer com que os jogadores possam se sobressair em relação ao rival.

Na Tática Coletiva do ataque o levantador é o jogador determinante para que se obtenha o êxito desejado. Ele é o estrategista do jogo; sua liderança, habilidade técnica e tática são colocadas à prova em cada *rally*, necessitando ter um grande equilíbrio emocional e condição física. Sua intimidade vai além da técnica do contato com a bola, e deve ser um cúmplice do treinador, para que, juntos, possam avaliar e utilizar a melhor tática em uma partida. Deve conhecer cada um de seus companheiros de equipe para poder "sentir" o melhor momento, utilizando-os com eficiência. Estas atitudes o favorecem a edificar uma melhor análise, que vai utilizar para sua distribuição, "escolhendo" a posição, a jogada e o atacante que irá definir a bola em cada um dos rodízios e nos diferentes momentos do jogo. Essa análise deve levar em consideração também o Sistema Defensivo do adversário, com maior atenção em relação ao bloqueio. Vale lembrar de alguns levantadores que têm o dom de deixar seus atacantes com bloqueio individual e, por vezes, sozinhos para definirem seus ataques.

As jogadas são distribuídas pelo levantador em uma sinalização específica, em que possa atuar o maior número possível de atacantes no rodízio, se utilizando da 1ª, 2ª ou 3ª bola, e as Jogadas Combinadas que resultam delas. Cada um dos seis rodízios de jogo deve ter suas jogadas predeterminadas em treinamen-

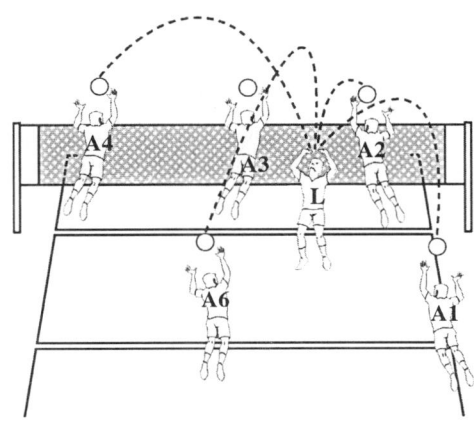

DIAGRAMA 152

to, chamada de "Tática Básica de Ataque", organizando-se a partir dela, outras variações dentro da partida, em congruência com a tática do Sistema Defensivo adversário. Na armação das jogadas, deve haver sempre uma jogada de 1ª bola e deve-se resguardar uma "bola de segurança", que tem dois sentidos, primeiro de um levantamento para o melhor atacante da equipe, e segundo, de um levantamento de 2ª bola no fundo ou de 3ª bola na rede, caso ocorra um passe ou uma defesa que dificulte acionar a 1ª ou a 2ª bola na rede.

O Diagrama 152 mostra o exemplo do levantador que, utilizando-se da Infiltração, distribuiu as seguintes jogadas: 1ª Bola na P3 e P2 (Tempo Esquerda e Tempo Costas, respectivamente), "Bola de Segurança" na P4 (Bola Alta) e um levantamento de 2ª Bola na P1 e/ou na P6. A partir desta distribuição, as opções do levantador são variadas podendo observar quem estará em melhores condições de definir o ponto, levando em consideração a qualidade da bola recepcionada, se os seus atacantes estão bem equilibrados para a definição do levantamento, o posicionamento e deslocamento dos bloqueadores no momento em que a bola chega em suas mãos e o momento da partida.

Uma das intenções do levantador é que os bloqueadores da P3 e P2 adversárias saltem com os seus atacantes, dificultando que cheguem em melhores condições de bloquear os ataques na P4, P1 e P6. A jogada de "Tempo Esquerda", na P3, abre espaço para o ataque de "Russa", na P6, pois o bloqueador da P3 adversária, se saltar, terá que se deslocar um pouco mais à sua direita, abrindo um espaço maior para que o atacante do fundo defina seu ataque na direção da P5 adversária. O atacante da P2, que vem em um "Tempo Costas", terá seu espaço de ação aumentado, facilitando seu ataque na direção da P1 adversária. O atacante de fundo da P2 terá uma área de ataque maior, logo atrás do jogador da P2, que puxou um "Tempo Costas". O atacante da P4 também será beneficiado, tendo a princípio um bloqueio individual ou um "duplo quebrado". A idéia primeira será sempre a de causar indecisão ou deslocar os bloqueadores, fazendo com que cheguem um pouco atrasados para realizarem o bloqueio. Caso a bola não chegue em condições de realizar a manobra, a bola de segurança vai para a ponta ou para os ataques de fundo. A utilização das bolas de fundo (Diagrama 153) devem ser combinadas com um ataque de 1ª bola, seja com uma jogada que desloque o bloqueador e abra um espaço maior para a ação do atacante ("Chute Meio", por exemplo) ou mesmo em cima de uma jogada que faça o bloqueio saltar junto com o primeiro atacante, criando dificuldades a ele, se fizer o segundo salto.

DIAGRAMA 153

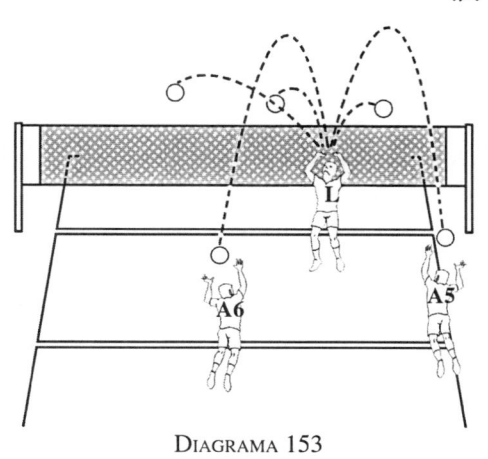

O levantador deve, igualmente, levar em consideração o padrão tático do Sistema Defensivo e a qualidade técnica dos bloqueadores e defensores adversários. Jogadores com deficiência no posicionamento dos braços, baixa estatura, dificuldade em deslocamentos à direita ou à esquerda, dificuldade em manter o equilíbrio do corpo, principalmente dos braços no segundo salto, devem ser explorados com Jogadas Individuais ou Combinadas, em cima da sua marcação.

A tática adotada pelos bloqueadores adversários, se aberto ou fechado, o posicionamento, se privilegiam a paralela ou diagonal, da mesma forma, permeiam a distribuição do levantador e a consciência dos atacantes na sua finalização, evitando, assim, desgastes maiores. O levantador deve perceber dentro da partida quais são as melhores jogadas e jogadores que terão êxito frente aos bloqueadores e defensores. O conhecimento, por parte dos jogadores, do posicionamento e qualidade técnica dos defensores, principalmente o Líbero, igualmente deve ser avaliado, procurando tirar melhor proveito nas táticas e técnicas individuais.

5. A tática no sistema defensivo

A aplicação tática do Sistema Defensivo tem como objetivo, organizar o bloqueio e defesa de forma a interromper ou amortecer os ataques adversários, preparando um contra-ataque. As ações táticas e técnicas individuais são as que norteiam a tática coletiva da equipe, referindo-se à qualidade de bloqueadores e defensores. O conhecimento prévio e as possíveis adaptações que se possam fazer na forma com que atua o Sistema de Ataque adversário são de fundamental importância para o triunfo desejado.

Para se poder fazer uma avaliação mais detalhada do Sistema de Ataque adversário, algumas questões devem ser respondidas e quanto mais informações e treinamentos os jogadores obtiverem, melhor preparada estará a equipe para se ajustar individual e coletivamente às mudanças táticas

individuais e coletivas do adversário. Outras informações são avaliadas, mas selecionei algumas:
- Quais são as características do levantador titular e reserva?
- Utiliza mais ataques de 1ª, 2ª ou 3ª bola?
- Os atacantes utilizam-se de largadas, bolas exploradas, ataques fortes, meia força?
- Quem são os atacantes de fundo? Como atacam? Por onde atacam?
- Os jogadores utilizam-se de táticas individuais? Quem são e quais são as táticas?
- Quem são os melhores atacantes? Como atuam? Quais as posições em que mais atacam?
- Quem é o "jogador de segurança" da equipe?
- Quem ataca mais bolas no início do set? E no final do set?
- Utilizam-se Jogadas Combinadas? Quais? Com quem?
- Quais os atacantes da rede envolvidos na recepção?
- Como se apresenta o nível psicológico dos atacantes?
- Quais os atacantes do banco de reservas que mais entram? Como atuam?
- Qual o Sistema de Cobertura de Ataque que utilizam?
- Qual a velocidade da transição? Que jogadores são mais lentos para recompor-se?
- Como realizam os contra-ataques, e que posição e zona são mais utilizadas?

A partir do conhecimento da Tática Coletiva do Sistema de Ataque e das particularidades dos jogadores, montam-se a tática e suas adaptações, buscando neutralizá-los. A escolha da melhor tática deve considerar e analisar a opção de alguns posicionamentos táticos, entre outros:
- A utilização de Bloqueio Aberto ou Fechado.
- A utilização de Bloqueio Simples, Duplo ou Triplo, tanto no meio quanto nas extremidades, e para que tipo de jogadas.
- Bloqueio Ofensivo ou Defensivo e contra quais jogadores.
- Nas extremidades, marcar a paralela, diagonal ou o meio da quadra.
- No meio, fechar a P1, P6 ou a P5 do atacante.
- Sistema Quadrado ou Semicírculo.
- Quais são os jogadores que defenderão a paralela e diagonal de quais atacantes?

– Em passes quebrados, bloqueio duplo ou triplo?
– Quem será o responsável pela largada?
– Se utilizar Líbero, em que posições irá defender quais rodízios?
– Que tipo de jogadas serão utilizadas no contra-ataque?

É importante que se simulem, dentro do treinamento, as características do adversário, com o propósito de sofrer o menor número de surpresas possíveis, e se elas ocorrerem, que os jogadores possam rapidamente se adaptar a estas mudanças. As atitudes táticas para favorecer o Sistema Defensivo devem ser realizadas tanto com a escolha do melhor saque a ser utilizado, quando a equipe o tem a seu favor, quanto com a necessidade de realizar a transição do Sistema de Recepção para o Sistema Defensivo.

Considerações finais

Espero que esta obra possa ajudar a ampliar e despertar o espírito de conhecimento, este mesmo, que nos eleva gradualmente a nos doarmos àqueles que nos auxiliam em nossa caminhada voleibolística, oferecendo melhores recursos e condições de aprimoramento, tanto na referência de atletas de Voleibol, como na posição de ser humano.

O assunto, tática, de amplitude e complexidade mundial, será sempre fonte de debates incessantes que devem ter como objetivo a seriedade, e sobretudo a esquiva de emoções e "verdades" pessoais, para que venha a ser construtivo e inspirador.

O exposto nesta obra demanda um conhecimento básico, mínimo, comparado com o nível em que se destaca a tática dentro das equipes de alto nível. Mas é a partir deste conhecimento simples que podemos vislumbrar e "criar" novas opções táticas que, automaticamente, farão surgir outras ao longo dos anos que se sucederem, pois a cada "novidade" apresentada, ocorre um esforço responsável em encontrar uma forma de neutralizá-la. E o objetivo de qualquer tática é sempre este, de neutralizar ou amenizar as forças adversárias tentando se sobressair com a sua.

A tática deve caminhar em conjunção ao desenvolvimento da técnica de cada jogador, para que se possa aflorar toda a sua capacidade e entrelaçá-la com os demais jogadores do grupo, estágio que demanda paciência, métodos e responsabilidades, tanto dos que comandam, quanto daqueles que a executam, para que se possa aglomerar o máximo de acertos.

Espero que o conteúdo desta obra venha a contribuir, principalmente, no desenvolvimento do Voleibol amador, ampliando de alguma forma o conhecimento, na procura do aperfeiçoamento, que em um curso natural é cúmplice do comprometimento responsável e do raciocínio equilibrado, culminando no fortalecimento e ampliação dos cabedais daqueles que buscam o crescimento do nosso Voleibol.

Prof. Adilson Donizete da Costa

Refêrencias Bibliográficas

ARAÚJO, Jorge Barros de. *Voleibol moderno: sistema defensivo*. Rio de Janeiro: Grupo Palestra Sport, 1994.

_____ Apostila de Vôlei. ENAF, Poços de Caldas, 1994.

BORSAKI, José Roberto. *Voleibol, aprendiz e treinamento, um desafio constante*. 3ª ed., São Paulo: EPU, 2001.

BIZZOCCHI, Cacá. *O Voleibol de alto nível: da iniciação à competição*. São Paulo: Fazendo Arte, 2000.

BOJIKIAN, João Crisóstomo Marcondes. *Ensinando Voleibol*. Guarulhos: Phorte Editora, 1999.

CBV. *Regras Oficiais de Voleibol*. Cobrav, 2001-2004.

Comissão Internacional de Treinadores. *Manual do treinador*, Confederação Brasileira de Voleibol (original – International Volleyball Federation). Rio de Janeiro: Palestra Edições Esportivas.

COSTA, Adilson Donizete da. *Voleibol – Fundamentos e aprimoramento técnico*. Rio de Janeiro: Sprint, 2001.

DANTAS, Estélio H. M. *A Prática da preparação física*. 3ª ed., Rio de Janeiro: Shape, 1995.

TUBINO, Manoel José Gomes,. *Metodologia científica do treinamento desportivo*. Vol. 1, São Paulo: Ibrasa, 1979.

WEINECK. *Treinamento ideal (Optimales Trainning – título original em alemão)* – Trad. Beatriz Maria Romano Carvalho, 9ª ed. (1ª ed. brasileira), São Paulo: Manole, 1999.

Y. P.Sovorov & O. N. Grishin. *Voleibol Iniciação*. Trad. Regina Helena de Araújo Ribeiro, 2ª ed., Rio de Janeiro: Sprint, 1990.